ちくま学芸文庫

大都会の誕生

ロンドンとパリの社会史

喜安 朗　川北 稔

筑摩書房

目次

大都会の誕生——ロンドンとパリの社会史

世界にひらく窓

帝国の首都ロンドンの生活文化

川北　稔

1　ミンチン横丁の賑わい――ジェントルマン文化と「舶来品」

ナポレオン戦争のさなかに当たる一八一一年六月一日、ロンドン旧市街（シティ）の中心部にあるミンチン横丁では、市長以下のお歴々が列席して「ロンドン商品取引所《コマーシャル・セイル・ルームズ》」の起工式が行われた。海外からの輸入物産の取引センター的な役割を担うことになる施設である。起工式に際して、その礎石にはカリブ海産のラム酒とポルトガル産のワインがふりかけられたが、この事実こそは、この施設の性格のみならずロンドン自体の経済的性格の一端を見事に象徴するものであった。すなわち、砂糖やその副産物であるラム酒に代表される植民地物産と、十七世紀後半以来この国にとっては事実上の植民地のようになっていたポルトガルが供給したワインとは、ロンドンおよび広くイギリス全体の中流以上の市民の「快適な生活」を支える基礎物資となっていたものである。海外からの輸入品つまり「舶来品」によって生活の「快適さ」が支えられている構造は、この世紀になって初めてみられたものというわけではないが、それでも、ここに至ってとりわけ際立ってきた現象であることは間違いない。同じ時代のよその国と対比すれば、イギリスでこの傾向が顕著であったこともいうまでもない。なかでもロンドンの生活は、まさしくその典型であった。

一八一一年といえば、一方では産業革命に伴う機械化の進行に抵抗して、ノッティンガ

ロンドンのにぎわい　ロード・メイヤーズ・ショーの日（1761）　M. C. Borer, *The City of London*, Constable, 1977より．

ムシアの靴下編み工たちを中心に機械打ちこわし運動――いわゆるラダイト運動――が猖獗《しょうけつ》をきわめた年でもあり、ナポレオンの大陸封鎖令（一八〇六年）によって、国内の穀物価格が異常に高騰していた困難な時期でもあった。しかし、そのような時期にあってさえ、ロンドンでは「ポルトガル産のワインとカリブ海産のラム酒」に象徴される海外消費物資の大取引所が建設されつつあったわけだ。ワインや砂糖は、もはや戦争や穀物価格の変動によってはかんたんにその需要が左右されないほど、ロンドンを中心とするイギリス人の生活に定着してしまっていたのである。

穀物取引所（1828 年完成）　M. C. Borer, *op. cit.*

輸入品に支えられた消費文化

取引所の初期の歴史では、一八〇二年に完成した西インド・ドックで陸揚げされたカリブ海物産、とりわけ砂糖が圧倒的な比重を占めていた。もとよりそこではサンプルによる取引がふつうであったが、その取引高は砂糖だけでも年間二二万トンの輸入と四万トンの再輸出があった。ラム酒や砂糖にふれて紅茶にふれないわけにはいかない。というのは、砂糖が必需品になった蔭に、紅茶の圧倒的な普及があったことは周知のとおりだからである。ただし、この時点ではなお東インド会社——その建物も、ミンチン横丁からそれほど隔たっていたわけではないが——のアジア貿易独占権が維持されており、したがって、紅茶の取引は同社が独自に行っていたのである。一八三三年に同社の独占が消滅すると、この取引もミンチン横丁に移り、二十世紀初頭でもそのほとんどはここに集中していた。もっとも、もとの取引所の建物そのものは一八九〇年に取り壊されたし、株式会社に改組もされた。そのうえ、かつてミンチン横丁に住んでいた上流商人たちは、郊外のハイゲイトやリッチモンド、クラパムその他の閑静な高級住宅街に居を構え、「職住分離」を実行した。つまり、かれらは世界で最初の「通勤者」となったのである。

いずれにせよこうして、ヴィクトリア朝期のイギリスでは、砂糖、紅茶、ワイン、香料、カカオ、コーヒー、ロウ、ゴムなど、食品を中心とする海外物産の多くは、ここミンチン横丁を通じて輸入されることになった。ミンチン横丁界隈——マーク横丁、フィルポット横丁、ルード横丁などを含めて——は、まさしく大英帝国のコーナーストーンとなったのである。第二次世界大戦前のミンチン横丁では、税関の史料によるだけでも一億ポンド以上の取引があったと思われるが、じっさいにはひとつの商品が何度も売買されたうえ、ロンドンには現物のない取引も大量に展開されたから、実際の取引高はそれより桁違いに大きいものであった。「現にシンガポールの倉庫にある商品を、リヴァプールかどこか国外の港にでもいるバイヤーの指示で、たとえばニューヨークやハンブルクに送る」場合もあったわけである。ミンチン横丁は、こういう意味でも世界の商品取引のセンターとなったのである。

それにしても、そもそもこの地が輸入品取引のセンターとなったのはなぜか。最大の理由はいうまでもなく、そこがロンドン港にごく近いという地理的な条件であろう。荷役用のドックが次々とつくられた十九世紀初頭までは、ロンドン港の荷役には非常にうるさい

ロンドン港　左前面の4人はシティ・ポーター，三角の木組は検量官のはかり（1757）　J. H. Plumb, *Georgian Delights*, Weidenfeld, 1980より.

規則があり、ギルド的な特権をもつポーター（「シティ・ポーター」）の手を借りなければならないことになっていた。しかし、食品のような消費物資については、圧倒的なマーケットであるロンドン以外での取引は考えられなかったのである。「輸入品に支えられた消費文化のセンター」としてのロンドンの面目が、この横丁には躍如としているのである。

パンクとジェントルマン文化の国

他の分野でもそうなのだが、生活文化の観点からみた場合も、近代イギリスのイメージはいつでも重層的で矛盾したものである。「保守的」の一語で片付けられがちなイギリス人の生活態度のうえに、ビートルズやミニスカート、パンク・ルックの若者

ヴィクトリア朝のジェントルマンとレディ（1885） C. Hibbert（ed.）, *The Illustrated London News*, 1975より.

たちを重ねてみるだけで、事情は十分に理解できる。いまでは「伝統的」とか「保守的」とか考えられているような生活習慣にしても、この国ではたかだかほんの数世紀前に成立したものであるにすぎず、中世のイギリスから続いているようなものはごくまれなのである。

紅茶に砂糖を入れてすすり、葉巻をくゆらせ、フロックコートに洋傘を手にした紳士の姿を想い浮かべればよい。ジェントルマンの不可欠な小道具となったこれらの身の回り品のどれひとつをとっても、エリザベスとシェイクスピアのイギリス、つまり十六世紀のイギリスでは普及していなかったものである。かれが身につけている木綿のシャツやニットの靴下もまたしかりである。そうしたものは、ことごとく十七世紀以降、この国が一大帝国として世界経済の中心の地位に登ってゆく過程で、「舶来品」として流入し、少なくとも当初は、半ば奢侈《しゃし》的なステイタス・シンボルとして普及したものである。ヴィクトリア朝の典型的な「ジェントルマン」は、この意味で大英帝国がつくり出したものということができる。この過程においてロンドンは、外にむかっては「帝国の玄関口」として「舶来品」の導入口となり、内にむかっては、地方に対する新しい生活文化の「ショーウィンドー」となったのである。むろん、帝国の存在こそが近代イギリスの支配層の存立基盤となったといえるのは、このような表面的な点に関してだけではない。支配層の経済的基盤、社会的地位の保障、特有のメンタリティの形成等々、より根本的な側面においても、帝国こそがかれらジェントルマンやブルジョワ=中産階級の存立の大前提をなしていた。それらいずれの点でも、ロンドンの果たした役割は大きかったのだが、ここではとりあえず見やすい指標として、消費生活にかかわるモノのことから話をはじめたいのである。

「古き良きイギリス」の実像

ところで、近代イギリスの支配的な生活文化が「海外」からもたらされた諸要素によってつくりあげられたという場合、ただちに、次のようなもうひとつの問題にゆきあたる。

すなわち、イギリス人の生活文化がきわめて農村的なものだ、としきりにいわれる事実との整合性の問題が、それである。「田舎の小道がある限り、イギリスはいつまでもあるさ。麦の畑のかたわらに、小さな農家がある限り」。第二次世界大戦中の流行歌にさえこのように歌われたほどである。たしかに、「古き良きイギリス」は牧歌的な農村にあり、工業化や都市化は悪以外の何ものでもないという主張は、過去二世紀にわたって、イギリス人のものの考え方の基礎となってきた感がある。「イギリス人の心底に、自分は藁《わら》ぶき屋根の農家の住人か大地主《スクワイア》であるという思いこみ」が根を下ろしている、とは著名な歴史学者の言葉である。「中世以来、都市の成功者はたえず農村の魅力を強く感じてきた」のである（M・ウィーナ著、原剛訳『英国産業精神の衰退』参照）。

しかし、他方、現実の問題としては、歴史上およそこの国ほど徹底した工業化と都市化の洗礼を受けた国も少ない。農業就業者の比率は第二次世界大戦前には、ほとんど無視できるほどのところまで低下したし、都市人口の比率も驚異的に上昇した。したがって、イギリスの農村社会は、つとに全国的な生活のパターンのなかに統合されてしまっており、十九世紀中頃には、「都市に基盤のある全国的社会と農村社会とのあいだに、もはや明瞭な差異など存在しなかった」のである。要するに、「古き良きイギリス」＝「伝統的・農村的」イギリスのイメージは、まさしくそれが失われてゆく過程で、いわば心理的代償物として生み出されたものであるにすぎない。

牧歌的な「メリー・イングランド」は現実ではない。とすれば、現実のイギリスはどこにあったのか。狐狩りに興じるカントリ・ジェントルマンの理想像とは違って、ロンドンに代表される都会風の、だいたいは海外から導入されたものや習慣を前提とした生活文化こそが、真に「イギリス的」なものだったのである。

2　コーヒーハウスの時代――「商業革命」と都市型文化の成立

ミンチン横丁――あるいはロンドンそのもの――が世界経済の焦点となるに至ったそもそもの端緒は、十六世紀にエリザベス女王がテムズ川の北岸に次々と輸入品の荷役用に波止場の建設を認めたことにある。輸入品取引の場としては、波止場はたちまち手狭になったから、自然に近隣の街路がこの目的に利用されるようになった。すなわち、ミンチン横丁や、穀物市場で知られる隣のマーク横丁というわけだ。

もっとも、十六世紀末にストウが書いた詳しいロンドン地誌によれば、ミンチン横丁には古くから「ガレー船を使ってワインなどをもたらしたジェノア商人が居住していた」ということ。「ガレー人」と通称されたかれらイタリア商人は、テムズに近いこの地に一種の租界を形成し、イタリア通貨を流通させていた気配すらある。

エリザベスの時代になると、「経済上の国民主義」の風潮によって、イタリア商人はしだいに追放されてしまった。しかし、他方では、この時代はイギリス・ルネサンスが最盛期をむかえた時代でもあった。当時なおヨーロッパ北部の一辺境国家にすぎなかったイギリスにとって、ルネサンスの光は東方からではなく、南方、すなわちイタリアやスペインやフランスから射し込んだ。したがって、エリザベス時代のイギリス人にとっては、イタリアやアントウェルペンからの輸入品こそは、文化の香り高い「舶来品」であったから、人びとが競ってこれを求めたのも当然のことであった。

「二〇年ほどまえまでは、小間物屋でフランス製かミラノ製の帽子、ガラス類、短剣、刀、帯などを売っている店は、ロンドン中で一〇軒余りもなかったでしょう。ところが、こんにちでは、ロンドン塔からウェストミンスターまでどの街もそういう店ばかりです」といわれたのは、エリザベス即位の直前のことである（著者不詳、出口勇蔵監訳『近世ヒューマニズムの経済思想』ミネルヴァ書房）。しかし、このような傾向が断然顕著になり、イギリス人の生活が「舶来品」を抜きにしては語れなくなってしまうのは、一六六〇年の王政復古以後のことである。一六六〇年代といえば、大火とペストという二大災厄がロンドンを襲った時代でもあるのだが、それはまた、ミンチン横丁を中心とするロンドンが、地方に住むイギリス人にとって輝やかしい「舶来品」をベースとした新たな生活パターンの展開するショーウィンドーとなり、「世界を見渡すのぞき窓」ともなった時代なのである。

イギリスの商業革命

ピューリタン革命のはじまった一六四〇年頃の段階では、イギリスの輸入の大部分を握っていたロンドン港でも、輸入品のほとんどはヨーロッパ大陸の内部から来ていた。東インド会社はすでに四〇年ほどの歴史をもっていたが、なお組織が脆弱で、オランダとの競争で肝心の香料貿易には手が出せなかったし、カリブ海の砂糖生産も本格化してはいなかったからである。ところが、一六六〇年の王政復古以後、インドを中心とするアジアと新世界からの輸入は爆発的に増加し、ロンドン港の輸入の四分の一を占めるようになる。この傾向はその後一世紀以上にも及び、アメリカ独立戦争直前の一七七〇年代はじめには、旧来のヨーロッパ市場からの輸入は、統計のとり方によっては全体の半額以下にさえなってしまう。イギリス経済史上、この現象に「商業革命」の名が与えられているのも、決して不思議ではない。

非ヨーロッパ世界から輸入された商品のなかには、アントウェルペンやアムステルダムの国際市場を通じて、従来から多少輸入されていたものもあるが、少なくとも十七世紀前半までは、一般のイギリス人の生活に浸透はしていなかったものばかりである。しかも、原棉や染料のような原・材料を別にすれば、砂糖や茶、煙草、綿布のような日常生活に直結した消費物資が大部分であったから、「商業革命」がイギリス人――当面、ロンドンの上・中流階級――の生活に劇的な変化をもたらしたのもまた当然である。当時東アフリカ

主要輸入品の変動（単位：1,000ポンド）

		1639–40年（ロンドン港）	1699–1701年（全　国）	1772–74年（全　国）
伝統的輸入品	ワイン	255	536	411
	リネン	223	903	1,246
新輸入品	綿　布	47	367	697
	砂　糖	93	630	2,364
	煙　草	231	249	519
	茶	0	8	848
	生　糸	178	346	751
	原棉（撚糸）	13	44	561
	染　料	125	226	506

（注）　川北稔『工業化の歴史的前提——帝国とジェントルマン』岩波書店，1983年，138頁。

から極東までのアジアを中心とする地域は東インドといわれ、新世界はひろく西インドとも呼ばれていたことから、こうして生じた「生活革命」はしばしば「インド狂い《クレイズ》」とも呼ばれてきた。

コーヒーハウスが自由を生む

こうして、東西両インド、つまり地球全域からロンドンに流れ込んだ商品は、時を同じくして雨後の筍のごとく叢生しはじめたコーヒーハウスを舞台として売り捌かれた。「商業革命」時代——王政復古から産業革命に至る十七、八世紀——にロンドンの生活文化の核をなしたコーヒーハウスこそは、ミンチン横丁の先駆でもあったわけだ。早くも一六五七年に茶の広告を出した取引所《イクスチェンジ》小路のトマス・ギャラウェイのコ

ギャラウェイ・コーヒーハウス　M. C. Borer, *op. cit.*

ーヒーハウスは、そのもっとも早い例といえよう。王政復古後に激増し、十八世紀初頭のアン女王時代には三〇〇〇軒に達したといわれるコーヒーハウスが生み落とした近代都市型の生活文化の諸相については、すでに多くのことが言われているので、*ここでは詳論はしない。いずれにせよコーヒーハウスは、一六六五年に出たピューリタン派の一パンフが「コーヒーとピューリタン革命は手をたずさえてわれわれを解放し、立派な国民にした」と絶讃した事実に象徴されるように、何よりも自由な情報交換の場であった。「意見の違う人びとが一緒に集まって話をする場所にこそ言論の自由がある」のだし、「コーヒーハウスこそは、まさに

ロンドンのコーヒーハウスの内部（1700年頃）（同前）

そのような場所」だったのである。

＊ 当面、角山栄『産業革命と民衆』（河出書房新社、一九七五年）所収の川北稔「コーヒー文化の誕生——生活様式の国際化I」参照。

したがって、そこには政治・経済・文化のあらゆる側面にわたる情報が集まり、それが交換された。トーリ派の人たちが集まった「ココアの木」、ホイッグ派の「セント・ジェイムズ」、ドライデンらの文人が蝟集したコヴェントガーデンの「ウィル」など、それぞれに特徴のあるコーヒーハウスが生まれて、都市的な近代文化の発酵場となったのである。ストランド通りにあった「ギリシア人」は、建築家クリストファー・レンやニュートンの名とともに知られる「王立協会」の会員たちがひいきにしていたが、この協会こそは、いわば近代科学の生みの親となったものである。

しかし、情報センターであったコーヒーハウスは、ほかの何よりも、ジャーナリズムないし情報産業との結びつきが強かった。コーヒーハウスには、常時最新の新聞や雑誌が置かれ、その朗読が行われたし、そうしたジャーナリズムがニュースや記事を集めるのもまた、コーヒーハウスそのものにおいてであった。つまり、王政復古期以後のイギリスで、新聞や雑誌が次々と刊行されるようになったのは、コーヒーハウスの盛況ぶりと軌を一にした現象だったのである。こうして誕生した新聞類は、『デイリー・カラント』(一七〇二年創刊)、『イヴニング・ポスト』(一七〇六年創刊)、『ロンドン・ジャーナル』(一七二五年創刊)、『クラフツマン』(一七二七年創刊)など、枚挙にいとまがない。

取引所としてのコーヒーハウス

そのうえ、コーヒーハウスは、経済情報のセンターでもあり、商取引の場でもあった。とりわけシティの中心部に近い王立取引所界隈やコーンヒルにあったコーヒーハウスは、商品や海運サービス、国債や株などを取引する商人や地主ジェントルマンでごった返した。砂糖やラム酒やコーヒーなどのカリブ海産品の取引で知られ、文字通りのミンチン横丁の先駆となったのは、「イエルサレム」、「ギャラウェイ」の両店であり、一六九四年に設立されたイングランド銀行に隣接するスレッドニードル街の「ヴァージニア・メリーランド」も、その名のとおり北米産の煙草やカリブ海産の砂糖、棉花などを扱ったのである。商品は、「ロウソク一インチが溶ける間」のセリで売られるのがふつうであった。しかし、海外との交易に関する情報センターとして圧倒的に重要になったコーヒーハウスといえば、一六九一年にエドワード・ロイドがロンバード街に開いたロイズである。世界の海運情報の集まったロイズでは、いつしか貿易商と船主が会員制の組織をつくり、積荷や船を対象とする保険――海上保険――の業務をはじめたのである。のちに大英帝国の世界制覇のひとつの支柱となったロイズ保険組合の礎石がこうして築かれたのである。

ロイズ・コーヒーハウス設立の三年後には、国債発行のためにイングランド銀行が設立され、シティの金融市場が整えられるが、この頃になると、熱病的な株式ブームがひろりはじめる。この傾向は、一七一一年にスペイン領ラテンアメリカと取引することを目的として「南海会社」が設立されると、いよいよ手のつけようがないほど蔓延し、結局、一七二〇年にすべての株の大暴落（「南海泡沫事件」という）を招く。議会は、株式会社そのものの設立を禁じる「泡沫禁止法《バブル・アクト》」を制定するほどの慌てようであった。しかし、そこに至るまでの過程では、「非常に儲かる事業を行うが、その内容はいっさい公表できない会社」などという、一見して胡散臭い会社の株でさえ飛ぶように売れたのである。

3 「首都の空気は自由にする」

一杯一ペニーのコーヒーや紅茶――いずれも当時としてはなおいかにもエキゾティックな雰囲気の漂う飲料であった――をすすり、煙草の紫煙もうもうとしたなかで、談論風発の極をきわめるコーヒーハウスこそは、こうして近代都市の生活文化の拠点となった。最盛期のアン女王時代には、ロンドンだけで三〇〇〇軒程度はあったものとみられるから、最初のそれが開店した一六五〇年以後の急成長ぶりがうかがえるというものである。

ところで、コーヒーハウスは近代都市の生活文化の拠点だ、というのはいかなる意味か。確かに、そこでは「舶来の」飲料が供され、煙草が流行り、政党が生まれ、ジャーナリズムや小説のような新たな文学のジャンルが生まれ、株式ブームが発生した。王立協会に代表される近代科学もまた、コーヒーハウスを揺りかごとして誕生したのである。こうした現象の多くは、「農村的」というよりは「都会風」の現象であっただろうし、そもそも「コーヒーハウス通い」の習慣そのものが、伝統的な農村社会にはありえないことでもあった。しかし、コーヒーハウスの「都会性」の最大のポイントは、十七世紀のある店主が貼り出した次のような「御注意」にもっともよく表れている。いわく、「ジェントルマンも商人の方も、職業には関係なく歓迎申しあげます。ただし、店内では無礼講に願います。

席順などに構わず、手近なところにお坐りください。目上の方がお見えになっても、席など譲る必要はありません」、と。

コーヒーハウスが「自由」をはぐくんだ、とはしばしば言われることだが、そこでいう自由とは、要するに伝統的な「身分制秩序」からの自由にほかならなかったのである。チャイルド・コーヒーハウスといえば、スコットランドの大地主の長男に生まれながら、軟弱なロンドンの文学青年の世界にのめり込み、判事でもあった父親から一度は勘当までくらったジェイムズ・ボズウェルが愛した店である。当時の文壇の総帥ジョンソン博士の伝記作者として知られるかれが、ロンドンでいささか放蕩的ともいえる生活を送ったのは一七六〇年代だから、一般には、自由な雰囲気のコーヒーハウスは衰退期にはいり、むしろ階層や職業の区分にうるさい「クラブ」が成長し始めた時代である。しかし、それでもかれが、ここは「居心地がよく、暖かくて、町の人びとや医者などの仲間になって、政治のことなど裏の裏までよく聞ける……私の気持にぴったりしたところ」だと評しているのをみると、この店にはなお「階層平準化」的な機能があったものと思われる。

ジェントルマンの生活をする者がジェントルマンだ

さらに一〇年ほどのちになって出版されたT・スモレットの小説『ハンフリー・クリンカー』（一七七一年）では、ロンドンを訪れた主人公の老地主ジェントルマン、ブランブルは、産業革命の初期局面を迎えつつあったこの国の首都の「喧騒とせわしなさ」にあきれかえるが、かれにとってさらに決定的なカルチャー・ショックとなったのは、次のような事実にあった。すなわち、「事務員も、徒弟も、居酒屋やコーヒーハウスのウェイターさえも、……洒落男の装い・恰好をしており」、社交用庭園のような「公共娯楽の華やかな場所は、流行《はや》りの服装をした人びとでいっぱいだが、これとて調べてみると、仕立職人か下男か侍女かが上長者の扮装をしているにすぎない」という事実である。つまり、一言にしていえば、このロンドンには、信じ難いことながら、「身分の区別や目上・目下という関係がもはや残っていない」と感じられたのである。

もっとも、このような印象は、半世紀もまえに書かれた十八世紀初めのD・デフォーの『モル・フランダーズ』にも認められる。すなわち、北西部から上京しようとする女主人公モルは、「ロンドンでは、人はその身なりで判断されるのだから」と諭されるのである。ひとにはそれぞれ持って生まれた身分やステイタスがあり、それにふさわしい生活なり服装なりをすべきだという伝統的農村の常識は、もはやロンドンでは通じない。そこでは、それらしい生活をしているひと、それらしい服装をしている人物こそが、上流階級すなわちジェントルマンだというのが、作中人物をして語らせたロンドン児デフォーそのひとの見解であったといえよう（樺山紘一・奥田道大編『都市の文化』〈有斐閣、一九八四年〉所収の川北稔「見せ物としての都市」を参照）。さらにいえば、王政復古直前のロンドンに肉屋の息子として生まれたデフォーの立場は、まさしく同じ時代に隆盛をきわめたコーヒーハウスのそれでもあった、といえよう。「都市の空気は自由にする」とは、中世のヨーロッパで都市に逃げ込んだ農奴が、一年と一日以上連れ戻されなかった場合、農奴身分をまぬがれうるという規定があったことを指していう言葉である。近世のイギリスでも、中世のドイツとは違った意味で、都市（ロンドン）の空気は人びとを自由にしたのである。

ヨーロッパから見た「ロンドンの自由」

コーヒーハウスに代表される「都市の生活文化」は、イギリス各地の伝統的・農村的な生活文化や地主ジェントルマンを頂点とする価値体系＝身分制秩序の対極にあっただけではない。そこに開花した生活文化は、国際的にみてもはなはだ特異なものであった。十七、八世紀にロンドン滞在記を残した外国人で、コーヒーハウスにまったく言及していない者はまずあるまい。セットになった「定食」がメニューにないというので、イギリスの食堂《タヴァーン》には不満だらけであった十八世紀初頭のフランス人旅行者マッキイでさえ、ロンドンのコーヒーハウスについては、「(そこでは)夜中まで素晴らしい会話が楽しめる。ガータ勲章をもつ者でさえ、ただの紳士と親しく同席しており、その高貴な身分や位階を自宅に置いてきたとでもいう風に、自由に会話をしている。したがって、外国人もそこでは、イギリス人の言論の自由を全面的に享受できるのである」と絶讃しているのである。

同じ頃、スイスのローザンヌから来た青年ジャーナリスト、セザール・ド・ソシュールにしても、「正直なところ、出入りするひとがむやみに多くて清潔とは言い難いし、紫煙もうもうとしているために家具もきれいとは言えない」としながらも、「労働者でさえ、毎朝一番にそこへ最新ニュースを読みに行くのが習慣になっており、……靴磨きなど〔の下層民〕でさえ、カネを出し合って新聞を買ってゆく」と感心している。

このような実例を拾いあげてゆくことはごく簡単なのだが、ということは、コーヒーハウスに象徴されるような、身分制秩序から相対的に自由な近代都市的な生活文化は、イギリスのなかでというより、世界全体を考えても、当面、ロンドンのみに成立したものだということである。

ロンドンにあこがれる若者たち

しかし、この「商業革命」の時代には、「世界に開かれた玄関口」としてのロンドンに成立したこうした近代都市型の生活文化や価値観が、地方へ波及してゆく特有のルートがつけられもした。もとより、この場合も、そうした波及を媒介したのは具体的なモノであることが多かった。しかも、この時代に新しい生活文化の媒介となったモノ——紅茶や煙草や砂糖やキャラコ等々——は、その多くが非ヨーロッパ世界から持ち込まれたものであったから、当面、光は一方的にロンドンから射すことにもなったのである。ロンドンにはイギリス史上最初の、農村的・地主的な生活文化と明確に区別される都市文化が成立したばかりか、それはさし当たっては前者に対して攻勢的な立場に立てたのである。言いかえると、生活文化の点においてさえ、ロンドンは文字通りイギリスのメトロポリスとなったのである。

農学者・旅行家として知られたアーサー・ヤングにいわせれば、「地方の青年は男であれ女であれ、窮極的にはロンドンにあこがれ、羨望の目をむける」のである。「かれらが田舎で仕事をするのは、ただ上京のための資金を稼ぎたいがためであった」とさえいえる。それはまた、地方の地主であった『ハンフリ・クリンカー』の老主人公にとっても、鼻持ちならないことであった。「働かないでぜいたくができ、立派な服が着られる仕事にありつける」と感じた若者たちは、年々五〇〇〇人とも八〇〇〇人ともいわれるほどの勢いで上京したのだが、ブランブル老の判断では、そのほとんどは「期待を裏切られ、盗人や詐欺師に」なり下がるのだった。確かに、誘蛾灯のようなロンドンの光に魅せられて上京した若者たちのなかには、次章でみるように、世界最大のスラムに発達しつつあったイースト・エンドの住民となって終わった者も少なくはない。しかし、そのような陰の部分は、表の部分の輝きのあまりの強さで、ほとんど見ることができなかったのである。

「かつては、ロンドンの最上層の市民でも、美装馬車はおろか、お仕着せを着た召使いを使う者はめったにいなかった」し、その「食卓は、質素な煮物と焼肉にワイン一本、ビール一杯という程度」であった。それなのにいまでは、「あらゆる商人……弁護士らが従僕を二人、御者を一人、それに馬丁をまで抱えており」「市内にも郊外にも邸宅を持ち」、馬車も二種類くらいは持っている。妻や娘に至っては、ダイヤモンドを散りばめた豪華な衣裳を身につけ、オペラや芝居や仮面舞踏会にうつつを抜かす。老ブランブルに我慢のならない、「商業革命」がもたらしたロンドンのこうした大繁栄は、「召使いや御者やコーヒーハウスの店員といった「サービス労働者」の需要を激増させたし、都市人口の激増に伴って、もっと基礎的な食糧供給や住宅にかかわる職種の雇用をも急増させた。したがって、老ブランブルには失礼ながら、「ロンドンに出れば何とかなる」という地方の青年たちの発想は、あながちまったく間違いだったわけでもないのである。

「古きイギリス、新しいロンドン」

しかし、もっと大事なことは、次の点にある。すなわち、「どの事務員も、徒弟も、居酒屋やコーヒーハウスの給仕さえも……洒落男の装い・恰好をしている。……華やかな場所は流行の服装をした人びとで一杯だが、これとて調べてみれば、仕立職人か下男か侍女かが上長者の扮装をしている」のだ、とブランブル老が憤慨するのだが、このことこそが若者にとってはロンドンの魅力、ロンドンの光そのものであったということである。「車夫・馬丁のたぐい」の仕事なら、田舎にいても得られたかも知れない。しかし、同じ馬丁でも、ロンドンの馬丁は「違う」のだ。かれらには「流行の先端をゆく」「上長者の扮装をして」「華やかな場所」に行ってみる可能性があったのだ。それは、なお身分制秩序の強力な地方社会ではありえないことでもあった。

地方の人びとにとって、ロンドンはつねに愛憎の入りまじる名状し難い存在であった。一八〇〇年にはじめてロンドンに入ったド・クィンシーは、「この巨大な広野、ロンドン市――否、ロンドン国《ザ・ネイション・オブ・ロンドン》というべきだ――」と呼び、「はじめてロンドンの街角にひとりで放り出されても、極度の孤立感から悲愴になったり途方にくれたりはしないなどといえる者がいるだろうか」とも言っている。ロンドンは、地方のイギリス人にはまるで「異国」だったのである。しかも、この「異国」は何か「新しいもの」や「素晴らしい生活文化」――それに対応した陰の部分もあったのだが――によって光輝いてもいた。時代はよほど下るが、マンチェスターのある手織工の書いたものをみると、ロンドン行きの列車に乗り合わせた老婦人が、発車の際、「さよなら、古きイギリス！」と叫んだ、というくだりがある。帝国ないし世界に開かれた玄関ロンドンは、「新しい国」だったのである。一七六二年の晩秋に、「勘当」を主張する親をふり切ってまであこがれのロンドン入りを果たしたボズウェルが、北部郊外のハイゲートの丘から一望し、日記に「万才三唱。われら元気に入京」と記したときも、おそらくは「古きイギリス」――「古き良き」ではない――に訣別し、「新しい国」に入る気持であったろう。

4 「ロンドンへのあこがれ」の増幅装置──「社交季節」と定期馬車

しかし、いかにロンドンが憧憬の念をもってみられるようになったとはいえ、実際にロンドンに移住してしまうような地方人は一握りでしかなかった。むしろ、それがなお大部分の地方人には「遠い」ところであったからこそ「あこがれ」の対象ともなったのである。移住まではできない大部分の地方人に、ロンドンの生活文化を垣間見させ、「あこがれ」をいっそうかきたてる社会的装置も、いくつか成立した。地方の地主貴族・ジェントリが毎年ロンドンに出て展開した「社交シーズン」の制度と、全国をカヴァーするに至ったロンドン発の定期馬車網、その駅舎でもあれば各地域の文化センターともなったインの誕生とが、それである。この二つの制度を主要なルートとして流れた紅茶や砂糖、新聞、ファッション・グッズなどといった具体的なモノや情報が、地方人の首都へのあこがれをかきたてたのである。

「ロンドン社交シーズン」の習慣は、十六世紀の末頃にはかなり本格的になっていたと思われる証拠がいくつもある。一六〇五年にはすでに、ウェールズの一地主でも、「これからは、冬から春にかけてはできるだけロンドンで過ごしたい」と言っており、ニューカッスル公夫人の妹たちも、毎年、冬にはロンドンに滞在したことが記録されている。もとより、この二人がそうしたからといって、それで「社交季節」が成立していたことにはならないかも知れないが、「十七世紀初頭には、十月から六月までのロンドンにかなり多数の地方地主の一行が滞在するようになったのは事実だ」と、現代イギリス人の一歴史家も断定している。スコットランドからロンドン入りし、王位に就いたばかりのジェイムズ一世が、こうして首都に押し寄せてくる地主ジェントルマンとその一行の大群に辟易《へきえき》したことは、よく知られている。かれによれば、このいなごの大群のごときジェントリたちは、「娘が流行遅れになってしまっては大変と心配する妻にそそのかされて、……田舎で近隣の人びとにすべき饗応《ホスピタリティ》や接待を忘れ、ロンドン人を悩ませている……」のであった。

「社交季節」で上京したのは地主ジェントルマンとその妻子だけではない。侍女や御者、料理人など多数の使用人が同行し、それぞれの立場でロンドン人の「生活」を見たのである。J・マッシーという事情通の同時代人によれば、十八世紀中ごろには年収一万ポンドくらいの貴族やジェントリの場合、家族と使用人を合わせて二〇人くらいの集団をなして、一年のうち六カ月くらいは在京しているという。

「社交季節」の本当に社会史的な意義は、この点にこそあったといえよう。田舎に帰った使用人たちが、「ロンドン風」を吹かせ、村人たちがこれを羨望の目でみたこともいうまでもない。実際、それを証明する事例にはこと欠かない。ロンドンで最新流行の「茶」というものを来客に供して、「ちょっと上流」ぶりを示そうとした地方の主婦が、茶の入れ方がわからなくて、出がらしにチーズを振りかけて食卓に出した、などという哀れをそそるエピソードさえ残っている。

王政復古以後、とくに名誉革命以降の安定した時代になると、「社交季節」の習慣はますます定着する。上述のマッシーに言わせると、この習慣の直接・間接の影響によって、ウェストミンスターとサザークを含むロンドン――ほぼいまのロンドンの中心部――では、一七〇〇年以降の半世紀ほどのあいだに、一万軒の住宅がつくられた。家具や馬車に関連する事業や雇用も激増し、石炭・チーズ・バターなどの運搬・流通業も大繁盛となった。インや有料道路が急増したのも、主としてこのためである、とマッシーは主張する。「社交季節」の習慣はこうして、ロンドン対地方の利害対立を象徴するような事象ともなったのである。ジェイムズ一世のように、これこそ地方《カントリ》ジェントルマンの「ホスピタリティ」を低下させ、地方を衰退させる行為だと考える者も少なくはなかったわけで、『ハンフリー・クリンカー』の老ブランブルは、そうした立場の象徴ともいえる。しかし、かれ自身にしても、とまれ一族を率いて長期滞在したうえでの「ロンドン見物」は果たしたわけだし、マッシーのような「ロンドン派」になると、「社交季節」は十分肯定しうる制度ということになったのも不思議ではない。地方の地主による「饗応・接待《ホスピタリティ》」が「社交季節」のために衰えると嘆いたのはジェイムズ一世であったが、マッシーになると、地方で地主が施す「饗応・接待」こそが多くの貧民を生み出してきたのであり、酔っ払いやなまけ者をふやしてきたのである。したがって、「全体としていえば、貴族やジェントリがロンドンに滞在する機会がどんどん増えた結果生じた、近年のロンドンの大膨張は、国民全体にとってもそうだが、とりわけ地方《カントリ》にとってこそ利益なのである」と。

定期馬車とインのネットワーク

一方の定期馬車網はどうか。たとえば、一七五六年初頭、西南部の大社交都市バースで刊行された一地方紙には、次のような広告がみえる。「急告。本市バースは西門通りのイン『白鳥館』よりロンドンのストランド通りニューチャーチに近い『タルギット館』に二日間で行く快速馬車の運行を始めます。来る月曜日に営業開始。第二便は金曜。運賃は一人一八シリング、屋根の上の席は一〇シリング……」(『バース・アドヴァタイザー』)。このような地方都市とロンドンを結ぶ定期馬車便は、すでに十七世紀中ごろの『運輸業者総覧《キャリヤーズ・コズモグラフィー》』で三〇〇便をかぞえ、世紀末にはその倍の便数が確認されている。十八世紀にはいるとますます成長の速度が高まり、馬車交通の付帯施設ともいうべきインと有料道路も激増した。「商業革命」期からはじまった有料道路の建設は、十八世紀前半にはなお年間数件にしかすぎなかったが、一七五〇、六〇年代には一大ブームの観を呈し、年平均二〇件前後にまで達した。有料道路網の完成は、宿駅としてのインの全国的な成立を意味した。十六世紀末でも全国に六〇〇〇軒をかぞえたとされるインも、十七世紀後半以降には激増した。馬車の一日の旅程が四、五〇キロメートルであったために、それに見合った間隔で宿場町とでもいうべき町が、有料道路沿いに発達もした。たとえば中部のノッティンガムや、ダービーからレスターに通じる街道の中間に当たるラフバラは、一七七〇年頃でも、定住人口は四〇〇〇人以下であったのに、インの数は四〇軒を越えていた。

「ロンドンへのあこがれ」の確立

こうして、十七世紀後半以後の「商業革命」期には、「世界に開かれた窓」としてのロンドンのライフスタイルとそれに付随した価値観が、紅茶や砂糖、綿布や絹物をベースとしたニューファッションなど、具体的なモノのかたちを取りながら、急激に地方に普及する社会的な制度が成立した、といちおうは言うことができる。ただし、ここで「いちおう」とことわったのには理由がある。十八世紀前半に、かつては道徳的堕落のしるしであり「悪」そのものであるとみなされてきた「身分を越える奢侈」を、有効需要を拡大し経済成長を促す「公益」であると論じてセンセイションを惹き起こしたマンデヴィルの問題作『蜂の寓話』の主張をみれば、その事情がよくわかる（以下、主として泉谷治訳による。ただし訳文は一部変更）。

「衣服と生活様式については境遇に適合したようにふるまうべきである」という伝統的な大原則はあっても、都会の小売商の妻は卸売商の妻を真似るし、薬種屋や毛織物商のような有力卸商は貿易商の真似をしたがる。「そのような卑しい連中の厚顔さに耐えられない貿易商の妻は、〔貴族・ジェントリの住む〕シティの反対側に逃げて行き、そこでの流行だけを追いはじめる。このような高慢さに宮廷は驚き、……上流の女性たちは、貿易商の妻や娘が自分たちと同じような衣服をまとっているのを見て仰天する。……〔かくて〕生意気なシティの人びとがいまの流行を模倣しはじめるとすぐ、いつでも新しい」流行をつくり出すことが彼女たちの課題となる。しかし、このような「上流気取り」が生み出す流行は、都会でこそ意味をもつ、というのがマンデヴィルの言い分でもあるのだ。

かれはいう。「人びとが誰にも知られていないところでは、一般に衣服やそのほか身につけているものによって尊ばれる。……〔人びとが〕なんとかして可能ならばその身分を超えた服を着ようとするのは、まさにこのためなのだ。素性のわからない人間どもが、知合い一人に対して見知らぬ者五〇人の割合でたえず出あう」ような、「人口の多い大都会」でこそ、人びとは真実そのひとではなく、「外面に表れたままの人間として」みられる。つまり、新しいライフスタイルは、匿名性の高い大都会——当時のイギリスではロンドン——においてこそ、かなり下の方の階層をまで捲き込む「流行」となりえたが、なお匿名性のない地方社会においては、それは垂直の〔社会的〕波及の力をあまりもたず、ひたすら馬車交通のルートを通じて、地方の文化センターとしてのインに吹き込む「ロンドン風」であったということになろう。それは、地方社会自体の階層秩序の解体をもたらしたというよりは、「ロンドンへのあこがれ」をこそ結果したというべきであろう。

参考文献

（1）*A Foreign View of England in the Reigns of George I & George II (Letters of Monsieur César de Saussure to His Family)*, 1902.

（2）C. P. Moritz, *Travels in England in 1782*, 1924.

（3）F. Kielmansegge, *Diary of a Journey to England in the Years 1761-1762*, London, 1902.

（4）W. Rye (ed.), *England as seen by Foreigners*, 1865.

（5）T. G. Smollett, *The Expedition of Humphry Clinker*, Penguin Books, 1967.

（6）M. C. Borer, *The City of London*, 1977.

（7）W. J. Passingham, *London's Markets*, 1935.

（8）ベーア／フィンレイ編『メトロポリス・ロンドンの成立』（川北稔訳、三嶺書房、一九九二年）

（9）W. Wroth, *The London Pleasure Gardens of the Eighteen Century*, 1896.

「世界の工場」の玄関口

工業化とロンドン民衆の生活

川北　稔

1　ディケンズと工業化――なぜ「ロンドン」なのか

ディケンズとメイヒュー

「工業化の社会的帰結」とか、「産業革命期の社会問題」などと題する文章に必ずといってもよいほど登場する作家といえば、いうまでもなくチャールズ・ディケンズである。ディケンズの好んで描いた十九世紀の都市下層民衆の生活が、産業革命のもたらしたものをよく示している、というわけである。しかし、よく考えてみると、この主張にはどこかストレートには納得しがたいところがある。問題は、ディケンズが描いた民衆の生活というのが、マンチェスターやバーミンガムのそれではなくて、主としてロンドンのそれであったということである。ディケンズの時代は明らかに工業化の時代であったが、ロンドンは決して工業化のセンターなどではなかった。ディケンズの出世作のひとつとなった『ボズのスケッチ集』は、『モーニング・クロニクル』紙と同じ会社が出した『イヴニング・クロニクル』紙に連載されたエッセイを編んだものであるが、この『モーニング・クロニクル』のもうひとりの通信員、H・メイヒューの手になった記事の方は、『ロンドンの労働とロンドンの貧民』(四巻)という社会調査の古典につながった。メイヒューの作品の表題が十分に示しているように、かれらが扱ったのは基本的に首都ロンドンの下層社会であった。もとよりきわめて多産であった作家ディケンズには、全国各地に主題を求めはしたが、その関心の中心がロンドンにあったことには疑問の余地がない（松村昌家『ディケンズとロンドン』研究社、一九八一年参照）。

そうだとすれば、ディケンズやメイヒューが扱ったロンドンの下層社会は、北西部ランカシアや中部地方を中心に展開された産業革命とどういう関係にあったのか、ということが気にかかる。そもそも十八世紀までは、製造工業についてもそれなりの中心であったロンドンが、工業化のコアになれなかったのはなぜか。逆に、地方における工業化はロンドンに何をもたらしたのか。誰の目にも明白なことは、イギリスが「世界の工場」となったといっても、木綿工業や鉄工業などという「産業革命」の中核となった工業が、ロンドンでは発達しなかったということである。しかも、それでいてそこには、世界一大きなスラム――イースト・エンド――が成立した、という一見不思議な事実もある。巨大スラムが産業革命の落とし子だとはよくいわれることである。しかし、こうしてみると、産業革命とスラムの成立との関係は、それほど単純なものではなさそうだし、ディケンズやメイヒューの評価にも一考を加える必要があるのではないか。

「消費都市」ロンドンは食える都市

ロンドンでは、直接的な意味での工業化は起こらなかった。というより、あとでやや詳しく論じるように、それまで繁栄していた多くの手工業が地方へ「脱出《エクソダス》」したり、衰退してしまったりして、首都経済は全体に「非工業化」の傾向をさえ辿ったのである。しかし、この間にも人口の首都への集中はとどまるところを知らず、イングランドとウェールズの人口が八八九万から三二五三万へとおよそ三・七倍になった十九世紀の一〇〇年間に、ロンドンの人口は九六万から四五四万へ、およそ四・七倍にもなったのである。市街化された区域のひろがりを考えて、グレイター・ロンドンの範囲をとると、六倍くらいにはなった。ロンドンは、文字通り世界最大の都市、世界の核になっていったのである。二十世紀はじめのグレイター・ロンドンの地域には、イングランドとウェールズの人口の五人に一人、成人だけをとればおそらく四人に一人以上の人びとが、この限られた空間に密集することになったのである。

工業が「脱出」しつつあった首都に、人びとはいったい何を求めて流入したのであろうか。前章で取りあげた老婦人は、工業化の最先端を行くマンチェスターを「古きイギリス」と呼んでロンドンへむかったが、そうだとすると「新しいイギリス」であるロンドンには、工業そのものではない何かが期待されていたのである。むろん「新しいイギリス」、ド・クィンシーの「ロンドンという異国」の魅力のなかには、すでに工業化以前から顕著だった要因も多い。「ロンドン社交季節」に象徴されるハイ・ファッションの中心であり、その媒介手段のひとつであった大衆ジャーナリズムのセンターでもあったロンドンは、つとに十七、八世紀にも地方人にとって憧憬の地であり、年々多数の人びとを惹きつけたことは、前章に見たとおりである。いわば「新しい生活様式」やファッション、娯楽を含めた消費文化の中心としてのロンドンの魅力には計り知れないものがあった。

このような意味でのロンドンの魅力をさらに一段と高めたのが、一八五一年の第一回ロンドン万国博であった。団体列車を仕立ての万博見物は、いまや「世界の首都」となった

ロンドンの雑踏　ラドゲイト・ヒル（1871）
M. C. Borer, *The City of London*, Constable, 1977 より．

1851年のロンドン万博　上は主会場のクリスタル・パレス，下はその内部　C. Hibbert（ed.）, *The Illustrated London News*, Angus, 1975より．

「新しいイギリス」＝ロンドンを見物することでもあったわけだ。

とはいうものの、こうした消費文化の華やかさという誘蛾灯は、前章に見たとおり、それ自体、数世紀以前から灯ってもいたわけで、工業化によってイギリスが世界システムの核の位置を占めたことで、世界の消費センターとしてのロンドンの輝きがひときわ増したことは事実としても、それだけでは、一八四〇年代に二五万以上、七〇年代にはこれより遥かに多いと見られる十九世紀のロンドンへの人口流入を説明はしきれない。政治の中心としてのロンドンには全国の国富が租税機構を通じて集中されたし、世界の富もここに集まってきたから、公園、劇場、図書館、学校、病院、交通機関等々の公共設備が整備され、生活水準が必然的に上昇したという事実もある。

しかし、工業化時代のロンドンへの人口流入にとって何よりも重要なことは、そこへ「行けば何とか食えるかも知れない」という、地方人の期待であった。言い換えれば、「雇用の機会」への期待こそが、最大の要因だったのであり、これあればこそ、およそ工業化の中心などではなかったロンドンが人びとを惹きつけ、メイヒューをとりあげた社会科学者や、ディケンズを対象とした英文学者がいささか短絡的に「産業革命の産物」などと称してきたイースト・エンドの大スラムも成立したのである。

2　イースト・エンド・スラムの成立

事情がそのようであるとすれば、十九世紀のロンドンでは、スラムの住民にとってどんな仕事——よそではありえないような——が期待できたのであろうか。都市史学会の創立者で、イギリスの歴史学界に「ダイオス現象」とさえよばれる都市史研究ブームを生んだ故ダイオス教授によれば、ロンドンのスラム成立史でもっとも重要な事実のひとつは、地方からの流入者がいきなりスラムに直行したわけではないということである。一八八一年の調査によれば、ロンドンの市街地全体では住民の三分の一が市外生まれの「転入者」であったのに対し、典型的なスラムとなっていたベスナルグリーン地区やホワイトチャペル地区では、「転入者」はそれぞれ一二％、二〇％以下と低かった。カンバーウェル地区でも、スラム化の始点にあたる一八七一年には、市街生まれの者が住民の四〇％を占めていたが、スラム化が完了した一九〇一年には二六％にすぎなくなった。すなわち、地方から「職を求めて」上京した人びとはとりあえず市の中心部を離れた郊外地に住みつき、そこで成功しえなかった人びとが、次の代になって中心部のスラム地域に流れ込んだのである。スラムは、第二世代の「没落したロンドン人」によってつくられたのである。「没落したロンドン人」は、何ゆえにスラムに蝟集《いしゅう》したのか。第一の条件は、明らかにそ

イースト・エンドの諸相　C. Hibbert (ed.), *op. cit.* より.

こに「仕事」があったということである。あまり交通費がかからない範囲の土地で、熟練を必要としない臨時的な仕事——いわゆる「カジュアル・ワーク」——が局地的に集中していることが、不可欠な条件だったのである。スラムという言葉自体は、十九世紀初頭の用法では、たんに「部屋」の意味であったり、それが隠語化した場合でも、「何かしら悪行が行われる部屋」くらいの意味であったから、四〇年代以降、いまのような「貧民窟」「貧民街」の意味で使われるようになったといっても、「不良住宅」が意味構成の核をなしてきた。この点からすると、富裕な商人層が郊外地に脱出し、市中心部では住宅建設への投資があまり行われなくなったことも重要であった。

また、十九世紀ロンドンの特異な条件とし

て、鉄道、とくに駅舎の建設、道路、ドック等の建設が、地価の安い貧民居住区を狙いうちにし、多くの貧民を隣接地に移動させたことが、近隣の住宅環境をいっそう悪化させた点にも、大いに注目しなければならない。現在、環状に走る地下鉄サークル・ラインで結ばれている一ダースほどの鉄道ターミナルの建設が、スラム成長に与えた影響は、想像を遥かに超えるものがあったといわれている。テムズ川の下流に当たるロンドン東部にひろがったドック地帯もまた同じであった。

工業の「エクソダス」

しかし、それにしても人びとがイースト・エンドに密集したのは、あくまでもそこで「カジュアルな」仕事が得られたからにほかならない。とすれば、それはどんな仕事であったのか。ロンドンでは、ふつうの意味での「工業化」が生じなかったのだから、それが工場労働などとはあまり関係のないものであることは容易に想像がつく。一八二〇年代中頃までは、「ロンドンはなお絹工業を中心とする繊維産業、造船業、機械工業ではかなり重要な位置を占めていた。しかし、一八七〇年代までには、……（そうした産業の）ない町になってしまった」（G・S・ジョーンズ）のである。一八六五年でも二万七〇〇〇人いた造船労働者は、七一年には九〇〇〇人に減少し、イースト・エンドのスピタルフィールズで繁栄していた絹工業も、一八六〇年に対仏自由貿易政策がとられると、雇用が半減してしまう。基本燃料である石炭の産地から遠く、地価のむやみに高いロンドンは、半製品や資本財の大工場設立には不向きで、結局、市外に「脱出《エクソダス》」してしまったのである。完成品である消費財のなかにも、大量生産化がすすむ過程でロンドンを離れて行くものがあった。ノーサンプトンやレスターへ流れた製靴業はその好例であり、スピードが身上の新聞などを別にして、印刷工業さえもが郊外に逃れた。つまり、「産業革命は、ロンドンの「前工業化経済」としての諸特徴を強化した」と主張する研究者があるのも、当然であろう。

逆に、イギリスの、というよりは世界の首都となったロンドンには、租税機構などを通じて富が集中し、世界最大の消費センターとなっていったことはいうまでもない。このことがロンドンの雇用構造に決定的な影をおとす。世界最大の消費センターは、必然的に世界最大の輸入港をもたざるをえなかった。十九世紀前半のロンドンでは、西インド・ドックやコマーシャル・ドックなど、陸続

岡ポーター　H. Mayhew, *London Labour and the London Poor,* vol. 3, 1967 (1st ed., 1857), Frank Cass 版より.

ロンドンのドック・ブーム

1805年前後に完成したドック	西インド・ドック
	ロンドンドン・ドック
	サリー・コマーシャル・ドック
	東インド・ドック
1828年	セント・キャサリン・ドック
19世紀後半以降	ロイヤル・ヴィクトリア・ドック（1855年）
	ロイヤル・アルバート・ドック（1880年）
	ジョージ5世ドック（1921年）

としてドックが形成され、それに付随する施設も整備され、水上警察も創設されたりしたのだが、ここに典型的なカジュアル・ワーカーとしてのポーターが浮かび上がってくる。ポーターには、港湾荷役を主とする者と、陸上のマーケット――ミンチン横丁のような――を中心に活動する「岡ポーター」とがあったが、いずれもロンドン市から特権を付与され、一種のギルドのような性格をさえもっていた。

ポーターからドック労働者へ

しかし、「商業革命」によってロンドン港の貿易活動が爆発的に成長しはじめると、十八世紀初頭で実働二〇〇〇人程度とみられるこの種のポーターが港内のいっさいの荷役を握り、関税査定用の検量の特権をもつ従来のシステムは、商人層にとって重大な桎梏《しっこく》となっていた。このことが、十九世紀初頭に至って、ロンドン橋より下流のテムズ川沿岸に陸続としてドックが

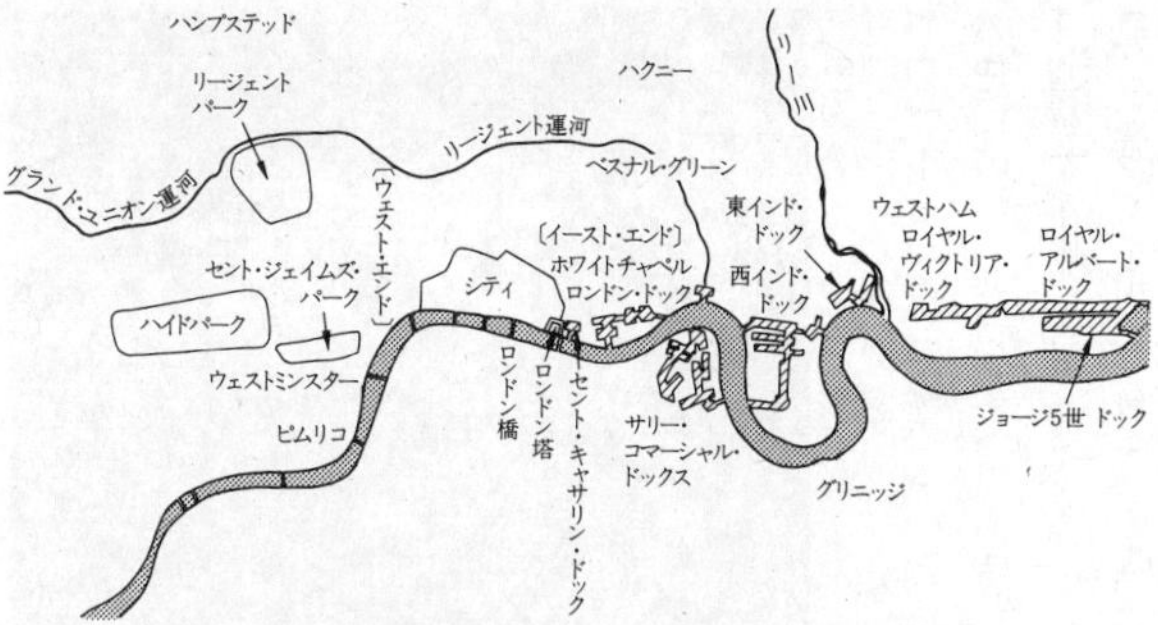

ロンドン・ドック地帯

建設される――ドックは私有地ゆえ、シティ・ポーターの荷役特権外――最大の理由となる。

ここで、ロンドン港そのものの発展や、ポーターからドック労働者に至る荷役人夫の生活実態について詳論する余裕はないが（かんたんには、『図書』一九八二年一〇月号の拙稿参照）、社会史家D・マーシャルの十八世紀初頭のイースト・エンドに関する次の記述は、港ロンドンとこの地域の生活との関係をよく伝えているといえよう。

「ところどころにましなところもあったが、ウォッピングやシャドウェル……あたりのイースト・エンドでは、マッチ箱のような家並みが続き、三文雑貨屋、娼家、ドヤ、飲み屋、パブなどがひしめいている。この時代にはなお、倉庫や店舗に住みついていた商人や製造業者のかなり立派な邸宅もあって、砂漠のなかの小オアシスの観を呈していたが、大部分の住民は粗野で貧しかった。ライターメンつまりはしけの船頭、ポーター、その他あらゆる種類の臨時雇いの労働者たちがそれであった。」

ロンドンのドック風景（1872） M. C. Borer, *op. cit.* より.

すでに「商業革命」の時代から、ロンドン下層民衆の生活は、多くの点でこの首都がもつ商業・港湾都市としての機能と密接に結びついていたのである。熟練を要しない、臨時雇いの仕事をマーケットと港で見つけるその日暮しの労働者たちこそが、ロンドンにおけるスラムの住民の中心だったのである。それどころか、この状況は工業化前のロンドンに限らず、大規模な港町にはどこでもみられたし、工業化以後はいっそう顕著にさえなる。工業化が直接スラムを生むなどということは実際にはあまりない。それはむしろ港湾や市場とこそ結びついて成立してくるのである。だからこそ、イギリスが「世界の工場」となり、ロンドンが世界の消費センターになる十九世紀には、この町のスラムもまた世界最大の規模に達してしまうのである。十九世紀のロンドンでは、「ドック労働者」といえばただちに汚いパブやスラムを連想させるものであったし、一八八九年にドック労働者が敢行した大ストライキが、未熟練工の組織化をもたらすイギリス労働運動史全体の決定的な転換点とさえなったことも、よく知られていよう。すでに一八五〇年代に、H・メイヒューはロンドンのドック労働者を一万二〇〇〇人と推定し、一八九一年には、これも著名な社会調査者であったC・ブースがその数を二万一三五三人としている。十八世紀初頭の特権ポーター二〇〇〇人という数値と対比すれば、港としてのロンドンの爆発的な成長と、港湾労働者の居住地としてのイースト・エンド・スラムの急成長ぶりがうかがえよう。

3　ファッション・センターとしてのロンドン

しかし、もとより十九世紀のロンドン下層民にとって、仕事にありつけるのは港だけというわけでは毛頭なかった。前章でみたとおり、十七、八世紀のうちに、ロンドンは国内各地に対して、新しいライフスタイルや流行の範を示す「ファッション・センター」となっていたが、このことが、いまひとつの巨大な「カジュアル・ワーク」をもたらしたのである。農村的な地主ジェントルマンこそが真の支配階級であり、「理想的人間像」だとする伝統的価値観も強固に生きてはいたのだが、他方では、すでにこの時代から都市的な（というよりロンドンの）生活文化へのあこがれを大いにかきたてられていた。しかも、この傾向は、十九世紀になって、ロンドンが世界最大の消費センターとなると、いっそう強まった。十七、八世紀には、紅茶、砂糖、煙草、絹、綿布など多くのモノや習慣が、いわゆる「商業革命」によってロンドンに持ちこまれ、イギリス人の生活に定着していったが、より長期的に見れば、「流行」の中心はいうまでもなく衣料であった。

ロンドンの服装――しばしばそれは、ロンドンにもち込まれた外国のそれであったが――こそは、すでに十八世紀初頭にも、地方の人びとのあこがれであり、模範であった。当時の評論家アディソンにいわせれば、「地方へ旅をすると、まるで歴代の家族の肖像画を並べた由緒正しい旧家のギャラリーに迷い込んだかと錯覚するほど、服装や生活様式の古くさい人びとに出くわす」のであった。衣料の多くは、行商人が地方のインにもち込み、そこで展示・販売したのだが、こういう場合にも、「ロンドンの最新流行品」であるというのが、最高の謳い文句であった（ちなみに、こうした行商人と地方で常設の店舗をもつ雑貨商との対立が、十七世紀末から深刻な政治問題にさえなっていた事実もある）。一七八八年、『ノリッジ・マーキュリー』紙にコルセット類の広告を載せた業者も、「ロンドンの第一級の店にも劣らない」「最新流行の型」であることを「保証」している。当時、上キング通りに店を構えていたトップ・デザイナー、メアリ・アン・ベル女史が刊行した月刊の『ラ・ベル・アサンブレ』誌以下、十八世紀末から激増した服飾雑誌も、たえず「ロンドンのトップ・モード」を地方に流し続けた。上流階級の「(ロンドン)社交季節」の習慣も、十九世紀になるといっそう盛んになって、ロンドン・ファッションの地方への普及に効果があった。

「ファッション休戦」＝マスマーケットの誕生

地理的な普及だけではない。「社交季節」に代表されるようなロンドン・ファッションは、最上流層のそれでもあった。しかし、階層間の衣服の関係にも、産業革命期にはかつてない特徴が現れはじめた。服飾史家のいう「ファッション休戦」の現象がそれである。一六〇四年に、それまで施行されていた身分制度を前提とした服飾規制諸法が全廃されたイギリスでは、十七世紀後半以降、「商業革命」の展開にともなって勃興した商人層を中心に、上流＝ジェントルマン階級の服飾をはじめとする生活習慣の激しい模倣がはじまった。歴史家が「社会的競争《ソシアル・エミュレイション》」とか「衒示的消費《コンスピキュアス・コンサンプション》」とよび、同時代人がたんに「上流気取《スノバリ》り」と称した、近世・近代のイギリスに特徴的なあの現象である。

「イギリスでは諸階層が相互に見分けのつかないほど重なり合っているので……あらゆる階層において激しい競争が生じる。より下の階層の者がつねにすぐ上の階層にのし上がろうとするのだ。こういう状況からして、〔この国では〕流行の猛威は静めようがない。したがって、流行のぜいたくが伝染病のごとく全国にひろがっているのも当然である」(N・フォスター、一七六七年)。

このような状況は、上流階級にとっては深刻な問題であった。「衣服の変化は月の満ち欠けよりも激しい。この〔流行の奢侈品を求める〕熱病は、最上層から最下層民にまでひろがっており、おもてで出会う人びとの社会的地位やその財布のふくらみ具合いを〔服装から〕言いあてることは不可能だ」ということになったのである。こうなると、「他の諸国では、庶民が上流人士の真似をするのだが、イギリスでは逆に、上流の人びとが自らを民衆から区別するのに汲々としている」と外国人には感じられるようになる。挙句の果てには、競争に疲れた上流人士が降伏する。「歴史上はじめて、ジェントルマンが労働者階級の衣服のスタイル……を採用しはじめた」のである。中産階級どころか労働者階級の上層部に至るまで、とりわけ男子の服装には階層差がなくなり、衣服のマスマーケットが成立する。相変わらず流行の変化は激しかったし、それが意図的につくり出されるようにさえなったが、階層間および地域間での新しいスタイルの普及の遅れは、急速に小さくなってしまったのである。女性についてさえ、一七八七年に滞英した一外国人は、「家事使用人の服装ほど、外国人がロンドンで驚くものはほかにない」と断言して、家事使用人の衣服が女主人のそれと区別がつかないことを証言しているほどである。

要するに、十九世紀のイギリスでは、衣服の全国的なマスマーケットが成立したのだ。衣服の消費量を正確に知ることは、「ホーム・スパン」的な自家生産はよほど減ったにしても、加工面では自給の要素も残っていたし、とりわけ古着が重要な役割を果たしたこともあって、非常にむずかしい。しかし、大まかな推計では、多少低めにみても一八六一年からの半世紀間で、五〇〇％くらいは増加した、と考えられている。このようなマスマーケットをリードしたのは、いうまでもなくファッション・センターとしてのロンドンであった。産業革命期以降の衣料産業といえば、誰しもコットンのマンチェスターや毛織物のリーズを想い浮かべるであろう。しかし、これらの町は「布地」の生産地であって、必ずしも最終消費財としての衣服の生産地ではない。衣料品加工業、つまり仕立業こそは、工業化がロンドンにもたらした最大の産業だったのであり、それこそ港湾労働とならんで、ロンドンに惹き寄せられながら没落した「二代目の首都住民」に、その日暮しの糧を与えたものなのである。

工業化の過程で多くの産業がロンドンを「脱出」したのに対し、何ゆえにこの産業だけは首都に生き残ったのか、というより、その地で大成長を遂げるに至ったのだろうか。

4 「苦汗労働」の成立

ロンドンが、仕立業というか、より広く衣料品加工業の中心となったのは、いうまでもなくそこが最大の市場であり、またファッション産業的な性格をもいくらか共有していたからである。しかし、同じ縫製業であり、しかもファッションのセンターだったからである。しかし、同じ縫製業であり、しかもファッション産業的な性格をもいくらか共有していたブーツや靴の製造業では、ノーサンプトン方面への大規模な「脱出」が起こったから、衣服産業には、それだけでない何か特殊な条件があったことになろう。結論を先に言ってしまえば、衣服の縫製に関する限り、「誇り高き」かつての仕立職人の影は薄くなり、一般に「苦汗制度《スウェティング・システム》」とよばれる、労働者の側からいえば条件のきわめて苛酷な制度が成立したのである。ブーツや靴の製造についても、ロンドンに残ったものは、これとまったく同じ道を辿ることになる。言いかえれば、仕立業は、スラム産業化することによって、ロンドンに生き残り、大成長を遂げたのである。

そもそもナポレオン戦争が最終的に終わった一八一五年ごろまでのロンドンでは、仕立業者の地位は確固としたものであった。労働組合の抑圧をめざした団結禁止法が施行されていたにもかかわらず、かれらは強力な組織をもち、急進的な指導者フランシス・プレイスの指導下に、多方面で活動を展開していた。対フランス戦争の戦時インフレ下でも実質賃金を着実に上昇させ、労働民衆のなかではエリート的な存在だったのである。

しかし、注目すべきことに、この時点でもすでに、親方の店で賃金労働をおこなう仕立職人と、自宅で出来高払いの仕事をする者への分解現象がみられたのである。フリントと呼ばれた前者に対して、ダングと俗称された後者は、賃金も低く、もとより組織化もされない、いささか不名誉な労働者とみられはじめていた。かれらがのちの「苦汗労働者」――かれらを酷使した元締めの方を「スウェター」という――の先駆であることはまちがいない。ただ、一八一五年くらいだとかれらの数はまだ少なく、H・メイヒューは、一八三〇年代になっても「スウェターなどほとんどいなかった」という聞き書きを残している。

仕立職人　H. Mayhew, *Voices of the Poor*, Frank Cass, 1971（1st ed., 1849-50）より.

そうだとすると、仕立業の決定的な変化は、プレイスそのひとが仕立工組合を牛耳っていた一八二四年から三四年――この年、組合は、自宅で出来高払いの仕事をする人びとに反対して、大がかりなストライキを敢行し、敗北する

――までのあいだに生じたことになる。社会史の大家として知られるE・P・トムソンあたりは、一八一四年に徒弟条例が廃止され、伝統的な徒弟制度が強制されなくなったことが、「苦汗労働」成立の契機だとみているが、その効果があらわれてくるのはもう少し遅かったということもできよう。いずれにせよ、三四年のストライキの結果、ロンドンの仕立工組合の組織は壊滅状態となり、上流階級の人びとが住むウェスト・エンドに残った少数の高級店とそこに働く少数の誇り高き仕立工に対して、市内各地に散在する多数の一般店とそのために働くイースト・エンド・スラムの住民たちという構図が成立したのである。プレイスが守ろうとした「誇り高き」仕立工たちは、世紀中頃にはまったくの少数派となってしまったといえよう。ちなみに、プレイス自身の職人としての腕はかなりあやしげだったようで、かれと親交のあったあるフランス人は、はじめて友人から紹介されたとき、「プレイスの店は少し高いと思えたし、その仕事ぶりには満足できなかった」と故国の父親に書き送っている。

女性・子供・ユダヤ人の仕事

いずれにせよ、一八五〇年代までには、仕立業は「苦汗制度」の典型とみられるようになった。一八一五年までは、「フリルのついたシャツを着て、パイプをふかす」と形容された誇り高きフリントたちに担われてきたこの産業が、とくに熟練を要しない――と言っ

マッチ製造も苦汗労働の典型であった　家族労働によるマッチ箱づくり　Hibbert, *op. cit.* より．

てしまっては言いすぎかもしれないが――、女性、子供、ドイツ系ユダヤ人移民らによって、スラムの自宅で展開される労働、いわば手内職的な仕事へとおち込んだのである。こういう労働のパートタイム的な性格のために、そこで使われた人びとがどんな人びとであったかを正確に知ることは難しいのだが、かなり常雇い的に使われた人びとだけを示している国勢調査の記録でも、たとえば婦人服の製造ではほぼ一〇〇％が女性になってしまったし、紳士服でも六〇～七〇％が女性ということになった。同時に、一八六一年には、ロンドンの男子仕立工の三％にすぎなかったユダヤ人が、一九〇一年には、イギリスで生まれた二世を除いても、じつに三六％に達した。こうして、イギリス人成人男子の就業者は、一八六一年の二万一八六一人から、一九〇一年の二万〇〇一四人へと減少した。

衣料品加工業とごく近い関係にあった製靴業でも、事情は同じであった。というより、この分野では、中部地方の町ノーサンプトンへの「産業脱出」がかなり大規模に生じていただけに、ロンドンでの状況はいっそう悪いとさえいえた。一八一三年頃までは、ロンドンで消費される靴も、そこから輸出される靴も、いずれもロンドン製であったのに、四〇年代には事情が一変した。「ノーサンプトンの子供はひとり残らず皮の前掛けをしている」といわれるようになり、四九年の調査では、ノーサンプトン製の靴を扱う店が数百軒に達した。そのうえ、女性やユダヤ人の進出は衣料品加工業と同じだったから、ロンドンでこの仕事に従事するイギリス人成人男子の比率は、ここでも激減した。一八六一年に一％にも満たなかったユダヤ人は、一九〇一年には一二・三％に達し、逆に、イギリス人成人男子は二八％、およそ九四〇〇人も減少した。ロンドンに流入したユダヤ人は、一八九〇年以前はドイツ系が多かったが、やがてロシア、ポーランド系が主体となり、十九世紀末のロンドンには、後者だけで五万人以上が在住した。

衣料品加工業も、製靴業も、激しい成長を遂げつつあったのだから、イギリス人成人男子の絶対数の低下はまさしく驚異的な現象であった。とくに、ロンドンのシェアがどんどん高まりつつあった衣料品加工業の場合は、その性格の変化は誰の目にも明白であった。しかし、これほどブームとなった衣料品加工業は、どうしてロンドンを「脱出」せず、また工場化もされなかったのだろうか。

この産業がロンドンを離れられなかった理由は明白である。衣服というものには、たとえそれがよほど貧しい階層のものであっても、いくらかの「ファッション」性がある。「服はもともとわれわれの裸を隠し、天候やそのほか外界の害からわれわれの身体を守る、という二つの目的のためにつくられた。〔しかし〕人間の果てしない自負が、装飾という目的をさらにもうひとつ加えた」のであり、だからこそ、「復活祭や聖霊降臨祭など……には、流行の晴れ着をつけた最下層の人びと、とくに女性にやたらと出くわす」のだ、と『蜂の寓話』の著者マンデヴィルはいう。「最新流行の」ものとなれば、それは要するにロンドンのものでなければならない。国勢調査にあらわれたロンドンの婦人服仕立工は、一八六一年に五万四八七〇人、一九一一年にほぼ八万人で、全国の三〇％以上を占めた。しかも、国勢調査の数字が、スラムの一室で行われる零細な作業——「苦汗労働」——をほとんど含んでいないことも、すでにのべたとおりである。

作業は自宅で

こうして衣料品加工業はロンドンを離れられなかった。しかし、これも工業化時代の一

軍服縫製　イースト・エンドの家族　Hibbert, *op. cit.* より.

産業、それもよほど重要な一産業であったのだとすれば、そこには工場制度や機械は導入されなかったのだろうか。結論からいえば、工場制度についてはノー、機械については、あとでみるようにイエスということになる。

工業化の時代に「造船業や綿工業、絹工業のようなふつうの意味での工業を喪失」していったロンドンが、いわばその代償として大発展させた衣料品加工業ではあったが、そこで成立したのは工場制度ではなく「苦汗労働」の制度であった。この制度の特徴のひとつは外業《アウトワーク》制にある。つまり、貧民が「スウェター」すなわち問屋へ材料をもらい受けに赴き、自宅でごく単純な加工を加えてこれを戻す。このような過程を組み合わせて、目ざす衣料が完成する仕組ことは、ひとりの労働者が一枚の衣料の加工をはじめから終りまでやり通すようなことは、ここではありえない。エプロン一枚に五人の手が加わったり、シャツ一枚に九人がかかわったりするのが、このシステムの特徴なのである。それでいて、これらの人間を一カ所に集めて工場化するには、ロンドンの地価はあまりにも高かった。したがって、ほとんどすべての仕事は「外業」、つまり労働者の自宅――すなわちスラム――で行われるということになった。一九〇一年のイズリントン地区の調査では、一四六人の調査対象のうち、そのための特別の仕事部屋でこの仕事をしている者は八人にすぎない。したがって、「自宅」といっても、残りの人びとは、台所や寝室やその両方に兼用している部屋で、縫製や裁断を行っているのである。

こういうシステムであっただけに、イースト・エンドやテムズ川南岸の貧民街に通じるロンドン・ブリッジ駅からは、毎朝無数の貧民、とくに女性が、わずかな賃仕事を求めて市の中心部の「スウェター」を訪れる光景が見られるようになった。一日五ペンスくらいにしかならない仕事に、電車賃が二ペンスもかかるというのも、ごくありふれたことであったらしい。

5　針子と港湾労働者——ロンドンの二大カジュアル・ワーク

「エンジニアや建築業者、事務員などは、いまでは一日八〜一〇時間の労働で週給一ポンドくらいを稼ぎ、スタイリッシュな衣服や靴を身につけているが、そうした服や靴は、以前の三分の二くらいの価格になってしまっている。それこそ、一日に一八時間も働いていながら食うや食わずの貧民の犠牲によって起こっていることだ。」ジョン・ウィリアムソンなる一仕立工は、「苦汗制度」が衣料品加工業と製靴業とに与えた影響を、このように断罪した。エンジニアや事務員は、十七世紀くらいのイギリスではまず存在しなかった職種であり、工業化とともに生まれた都市的・中産的な階層である。いわばヴィクトリア朝のイギリスを特徴づけた新興の中産階級や労働貴族層が、「上流を気取る」ために用いた衣服や靴は、他方での巨大スラムの成立——スラム産業としての「苦汗労働」の成立——によって供給されたのである。

一八五〇年に初版の出たキングズリの小説『オルトン・ロック』の主人公である仕立工ロックは、「誇り高き」旧タイプの店主と「スウェター」化したその二代目への変化を身をもって体験する設定になっている。父親の方の店主は、「いまや激減しつつあるまともな商売をするウェスト・エンドのファッショナブルな仕立屋であった。つまり、いまとな

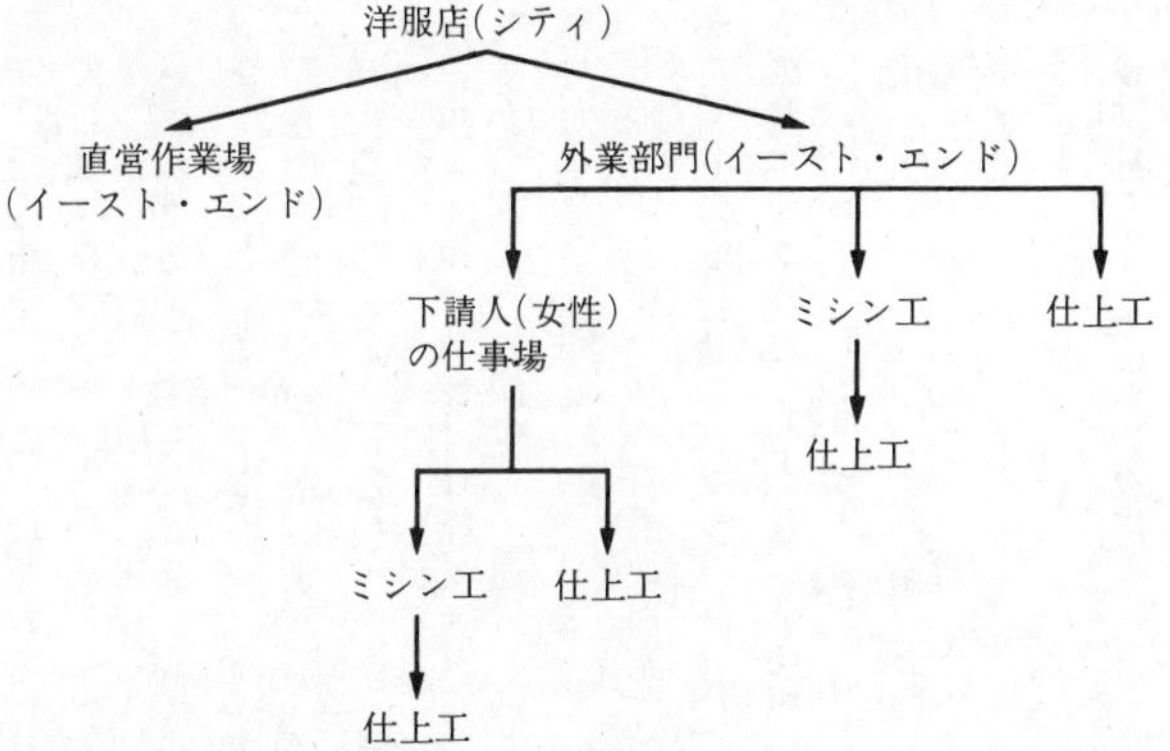

スロップ・ショップ型洋服店の作業分担例　J. A. Schmiechen, *Sweated Industries and Sweated Labour: the London Clothing Trades 1860–1914*, 1984 より.

っては古くさいタイプの店主なのだ。二〇年ほど前と同じようにはいかないとはいえ、結構十分な賃金を支払い、作業のすべてが店内で行われることに誇りをもっていた」のである。しかし、かれの死後、商売を引きついだ息子となると、もはや様子はまったく違っていた。「誇り」を捨てた息子の時代は、ロックの目には「安物衣服のいやな時代」と映った。若主人はロックに単刀直入にいうのだ。「なるべく手っ取り早く金持ちになるつもりのオレが、……なんであんな古くさい、グズグズした、お上品な商売の仕方を守ると思うのか。ウェスト・エンドに四、五〇〇はあろうと思える洋服屋で、いっさいの仕事を店内でやるという古くさい、馬鹿げた方法を守って、わざわざ利益が上がらないようにしているような店は、一〇〇軒もあるまいよ」、と。

小説に書かれた数字はあてにはならない。しかし、変化の方向はそこによく表されているといえよう。たとえば、メイヒューの調査では、一八四九年のロンドンには、二万一〇〇〇人の仕立工がいたが、すでに「誇り高き」店で働く者は三〇〇〇人にすぎず、残りの一万八〇〇〇人は、「スロップ・ショップ」とよばれる「苦汗制度」を前提とする労働に従っていたのである。日給ないし週給制をとる「誇り高き」店は、その直前の五年間に七二軒から六〇軒に減少し、逆に、一七二軒だった「スロップ・ショップ」が三四四軒に激増した、という。

オルトン・ロックの若主人が語っているように、自分の店で裁断などの工程をこなしながら、その縫合せやボタンつけ、仕上げなどの工程は「外へ」出すのが、「新しい」やり方の基本であった。しかし、その場合も、外へ出された部分はさらに細分化され、何人かの「下請人《サブコントラクター》」を通して、ようやく本当に作業をする人びとの手に渡った点に、深刻な問題があった。何人もの下請人によるピンハネが大きく、それが最終賃金をいっそう引き下げたからである。

妻は針子を、夫はドックに

「「スロップ」型の仕立業に従事している女性たちほど長時間働きながら僅かな収入しか得ていない人びとはほかにあるまい。それでいて、かくもおとなしく、かくも英雄的に飢えを忍んでいる人たちというのも、まずはあるまい」と報じたメイヒューは、六五人の女性仕立人にインタビューしたが、そのうち二一人は週一シリング（一二ペンス）の賃金をも受け取っていないことがわかった、という。したがって、ロンドンの「苦汗労働」は貧困のしるしであるだけでなく、それは生計をたてるための売春とも深く結びついている。「スロップ」型の仕立業をやっている女性の四人に一人ないし二人に一人は、生き残るために売春にも頼っており、その結果、「女中奉公をしている人たちと比べると、三十歳から四十歳くらいのところでは、本当の年齢より十歳くらいは老けてみえる」というのである。毎週、イースト・エンドのパブで客を拾う売春婦を残忍なやり方で殺していった「切裂きジャック」の被害者も、おおかたはこのような女性たちであったことはまちがいない。

　ところで、衣料品の加工に当たったロンドンの女性たちには、ランカシアの紡績女工たちとはおそらくよほど違っているのではないか、と思われる特徴がある。というのは、彼女たちの大半が既婚者であった、ということである。ロンドン東北方の町はずれに当たるハクニー地区の二十世紀初頭のデータによれば、自宅で出来高払いの衣料品加工をやっている女性で未婚の者は、せいぜい二六％程度にすぎない。寡婦七％を含めて、残り七四％は既婚者であった。未婚の若い娘には、住込みの家事使用人など、ほかにもっとわりのいい仕事があった、ということであろう。産業革命の花形となった「布地」の生産がむしろ若い「女工」を主要な労働力としたとすれば、ファッション産業としてのロンドンの加工業は、本質的に既婚女性によって支えられたのである。

とすれば、彼女たちの夫というのは、どういう人びとであったのか。史料のうえで際立ってよく目につくのは、ほかでもない、ドック労働者である。工業化がロンドンから多くの産業を「脱出」させてしまいながら、他方では、ロンドンを大英帝国のメトロポリス、世界の交易・金融の核に押しあげ、世界最大の消費センターたらしめたことから生じた二大カジュアル・ワーク——港湾（ドック）労働とファッション製品（衣服や靴）の縫製——は、現実にスラムに住む夫と妻の職業でもあったわけだ。工業化がその中心とはならなかったロンドンにこそ大スラムを生み落とした理由は、ここに至って明らかであろう。「工業化の社会的帰結を描いた」はずのディケンズが、ほとんどロンドンを対象とせざるをえなかった事情も、自然に理解できよう。

6　「苦汗労働」の機械化?——ミシンの導入

ロンドンの衣料品加工業は、工場制度をとらずに発展した。工場をつくるには地価が高すぎたし、ファッション性の強い商品だけに規格品の大量生産にはむかない、という事情もあった。イギリスの服飾史上、最初のファッション商品といわれるニットのストッキングについても、同様のことがいわれている。十六世紀末から大きく脹らませた半ズボン（ホウス）との組合せで流行しはじめたストッキングは、全国の農民の副業としてひろく展開されたが、多様性が身上であったから、工場生産にはなじみにくかったようである。流行の衣料となると、形にしろ素材や色調にしろ、ほとんどの点では共通でなければならない——それが「流行」そのものである——が、同時にまったく同じものがやたらに存在してはならないわけだ。「布地」なら同じものがあってもよいが、仕立までまったく同じであってはならないのだ。

しかし、工場制度が導入されず、労働者の自宅に分散して作業がおこなわれたといっても、機械もいっさい導入されなかったと考えてはまちがいである。むしろ、この産業がこうした分散的な下請けに依存しえたのは、その形態でも機械化が可能だったからである。

一八五一年にロンドンで開かれた第一回の万国博は、イギリスが世界の核となったことを否応なくさし示す大イヴェントであった。イギリス人の生活が、多くの点でこの博覧会を契機として新しい展開をむかえたということさえできる。博覧会はあくまでイギリスの技術や文化の素晴らしさを誇示する場となったのだが、そのなかに、アメリカから出品された二つの商品、すなわちピストルとミシンは、イギリス人を驚かせた。とくにミシンは、以後のアメリカの技術発展の方向を暗示したものとして、この万国博について歴史家が何かを語るときには、必ず言及されるようになっている。

十九世紀のアメリカは、イギリスとは違い、その広大な土地に対して労働力が決定的に不足していた。アイルランドや東欧、南欧などから大量の移民を導入したのもそのためである。このような労働力不足の状況があればこそ、アメリカでは多くの「労働節約的」な技術が開発され、産業革命の故郷であったはずのイギリスの技術水準をかんたんに抜いてしまうのである。反対に、大きなスラムを成長させるほど、ある種の労働力に余裕のあったイギリスでは、産業革命期の技術革新が一巡すると、「労働節約的」な技術革新への刺激はあまり強くは働かなかったのである。英・米の技術水準の逆転、ひいては経済力そのものの逆転について一面の理由を明らかにしたこのテーゼは、オクスフォードの副総長をも務めたH・J・ハバカクの唱えたものである。アメリカで発明されたミシンは、世界の衣料品加工業や製靴業への影響というより、衣料生活そのものへの影響の大きさからいっても、また、ハバカクのテーゼを実証する典型的な「労働節約的」発明としても、特筆に値する。低賃金の「苦汗制度」がひろがったロンドンでは、ミシンを発明しようとする者が現れるはずはなかったのである。

能率向上九〇%!

しかし、発明はされなくても、便利とあれば普及はする。こうして、一八六一年に最初のパテントが切れたのを機会に、イースト・エンド、昔からの古着屋街としてもよく知られたセヴン・ダイアルズ地区――アガサ・クリスティの推理小説を想い起こすひともあろう――、軍服工場のあったピムリコなどに、急速にミシンが普及していったのである。一八六九年の調査では、ほぼ五〇〇台が導入されている。とはいえ、ここまではロンドンにおけるミシン普及史の前史であって、「洪水のような」流入はそれ以後に起こった。最大のメーカーであったシンガー社は、スコットランドに大工場をもっており、この会社では、一八五三年から九六年までのあいだに六〇〇万台を生産したという。そのほとんどが七〇年代以降に集中していることは、いうまでもない。

ミシンの「労働節約」能力は驚異的であった。たとえば、紳士もののシャツを一着つくるとする。ヴィクトリア朝中期のスタイルだと、この一着におよそ二万針《ステッチ》を要するのだが、上手な針子でも手でやっている限りは、一分間に三五針くらいしか進まないのに、ミシンなら軽く一千ないし二千針も縫えるのである。靴やコルセットの製造用につくられたミシンでも、レース用、ボタン穴かがり用のそれでも、事情はほとんど同じであった。当時の一コルセット・メーカーに言わせれば、「ミシンは労働力の九〇％を不要にした」のである。

しかし、シンガー社のミシンが普及したことで、ロンドンの衣料品加工業は「機械化」された。機械化は決して工場制を意味せず、その作業は相変わらずスラムの暗くて狭い一室でおこなわれ続けたのである。この仕事に従う人びとの四五歳から五五歳までのあいだの死亡率は、農民に比べて二倍以上である、と医療調査団が報告したのも、工場より遥かに悪い労働環境のせいであった。その多くが視力を失い、結核を病んでいるとされたのも、思えば当然である。

クレジット販売の普及

ここまで読まれた読者のなかには、食うや食わずのスラムの住民とシンガー・ミシンとの取合せを、いささか不釣合いと感じられるむきもあろう。じじつ、十九世紀にはなおミシンはあまりに高価で、こんなものを即金で買える貧民はいなかったのである。そこでシンガー社が導入したのが、「掛売り《ハイヤー・パーチェス》」の制度である。月給制が中心のいまの日本とは違うので、「月賦」ならぬ「週賦」で売ったのである。一八五六年にシンガー社がはじめたこの制度では、第一回目の支払いでミシンの現物がわたされるかわりに、購入者は以後、毎週二シリング半程度の支払いを数年間続けなければならなかった。シンガーよりは安価のブラドベリ社製でも、週に一シリング半の支払いは必至であったから、じっさいには、この制度はひどく苛酷なものなのだが、逆にまた、これあればこそ、「スラムにミシン」が浸透しえたということもまちがいない。

途中で支払いが続けられなくなった労働者——じっさい、しばしばそうなったのだが

——は、ミシンを没収されてしまったうえ、それまでの支払い金はいっさい返却されなかった。このシステムで四回もミシンを「掛買い」し、それぞれ一〜五ポンドもの代金を支払いながら結局最後までは続かず、いずれも「没収」の憂き目をみた哀れな例もある。二週間分の支払いが遅延したために、それまでの四ポンドの支払いをフイにした例もみられる。一八八八年にはイースト・エンドだけでも三〇人以上の集金人を使っていたといわれるシンガー社をはじめ、ミシン会社の利益は膨大なものであっただろう。

もっとも、当時の貧民がそのような制度を「不当」と感じた気配はあまりない。というのは、かれらは、これに似た制度には十分に馴れており、むしろ「生きのびるため」にそれらを活用もしてきていたからである。たとえば、『タイムズ』紙に掲載された「ランベス地区ですごした子供時代の質屋と掛売り業者」と題する一文によれば、かれの母親は「タリーマン」(より古くは「ダファー」)とよばれた衣服の掛売り屋を利用して、生活の危機を何度もくぐりぬけてきた、という。母親はまず「タリーマン」に五シリングの頭金だけを払って五ポンドつまり二〇倍の「衣料切符」を買い、これで子供の服を買う。この服はせいぜい一日か二日も着せてもらえればよい方で、ほとんど質屋に直行ということになる。

つまり、この子供服は質草そのものであって、着るためのものではない。いわば「家族の資本」の一種だったわけだ。タリーマンは、客に支払い能力がある限り、一ポンドについて週一シリングずつ二一週間支払いを受けることになっていたから、この間に五％の利息を取った勘定である。ただし、この場合は、客が支払不能に陥っても、商品は質屋が質草としておさえていて、タリーマンにはミシン会社のように現物没収の途はなかったのだが。タリーマンとかダファーとか、あるいはスティック・ショップとかよばれたこの種の掛売り屋は、十九世紀のロンドン貧民層の生活のなかでは、横丁の「伯父貴《アンクル》」とよばれた質屋そのものと同じくらいに、「なじみの深い」存在であった。したがって、ミシンの「週賦」販売があっという間にひろがる素地は十分であったし、ミシンを入手して仕事をする方が、スーツを買って質屋に直行するよりは、よほど「まともな」やり方であったともいえるだろう。

仕立職人、ミシンに追われてドックへ

ミシンの普及は、衣料品加工業における作業の細分化（分業）を一段と押しすすめた。個々の作業はますます単純化され、下請制度が複雑になった。一枚のシャツをつくるのにも、一〇人くらいの手を通ることも珍しくはなくなったのである。靴の製造では、状況はもっとひどかったといわれている。工程が細分化されると、それぞれの工程で競争が起こるので、工賃はますます低下する。二年間でコストが半減したという商会さえ現れるのである。

業界人ジェイムズ・マクドナルドは、状況を正確に伝えている。いわく、「店外の下請けに出す習慣がいかにして始まったかはよくわからないのだが、ミシンの導入・普及と一致していることはまちがいない。ミシンが安くなったことと、週分割払いの制度がひろがったことによって、自宅で作業をする者の数が激増してきたことは確実である。」なにしろ、ミシンの技術は、「二週間もあれば十分にマスターできる」ものであったから、かれのような「誇り高き」守旧派からみると、「ミシンは業界にとって大きな危険である」とみえたのもやむをえまい。「なぜなら、ミシンは『ずぶの素人』をも『熟練した』職人とまともに競争させてしまうから」である。

「危険」はたんなる杞憂ではなかった。マクドナルドのような「誇り高き」職人たちは、いまや「苦汗労働」化しきったこの業界にとどまるには、あまりにもプライドが高すぎた。しかし、そうなると、かれらにはどんな生きる道が残されていただろうか。かれらがもっとも多く選んだ——あるいは選ばざるをえなかった——道は、世界のメトロポリスが生んだもうひとつのカジュアル・ワーク、ドック労働者への転身であった。一八八八年におこなわれた議会の委員会に提出された推計では、ロンドンのドック労働者のじつに四人に一人は、もと靴づくりの職人か仕立職人かであった。さらにのちの一八九二年になっても、王立調査委員会は、失業したブーツ製造人がドック労働に転じていると報告している。夫はドックへ荷役労働に行き、妻は自宅でシャツを縫う、典型的な世紀末ロンドン貧民の生活パターンが、ここに成立したのである。

7　工業化のもたらしたもの

産業革命前の一世紀あまり、すなわち十七世紀後半から十八世紀末までのあいだに、イギリスは帝国構造をかため、「商業革命」を経験した。この過程で首都ロンドンは、世界に開かれた窓として、全国の生活文化の「規範」となった。ほんらいエキゾティックであった舶来品やそれにまつわる生活習慣が、まずロンドン人のあいだに根づき、ついでそれが地方の人びとや、より下層の人びとによって、熱心に「真似」られていったのである。ロンドンは、それ自体、地方より一段と高い価値をもつようになったのである。紅茶や砂糖や煙草やキャラコは、ロンドン港からコーヒーハウスやインを通して地方に流れ、地方ではそれらを用いる生活習慣が何やら「高貴」で「ハイカラ」なものとして受け入れられたのである。

もちろん、非ヨーロッパ世界から来たものばかりではない。コットンのような素材や図柄にはアジアやアメリカの影響が強かったにしても、衣服の流行となると、ほとんどはヨーロッパ大陸に起源をもつものであった。しかし、この場合も、フランスやイタリアのトップ・モードはまずロンドンの上流社会にはいり、そこから地方へ、あるいは下層へ、

「ロンドン社交季節」や「定期馬車とインのネットワーク」のような社会的に確立した制度に助けられて、急速にひろがったのである。「人びとは〔その身分を〕身なりで判断される」というロンドンの価値意識は、ロンドンへのあこがれが強まるにつれて、「最新のロンドン・モード」とともに、地方にも浸透する。しかも、そうなればなるほど、地方人のロンドン志向が強まることはいうまでもない。

こうした傾向の行きつく先は、「古きイングランド」に別れを告げ、上京を果たす以外にない。十七世紀初頭でさえ、「いまにロンドンはイギリス全体を呑み込むだろう」と嘆いたジェイムズ一世なら、「世界の工場」となった十九世紀イギリス人の、嵐のようなロンドン志向を見れば、卒倒したことであろう。それにしても、こうして上京した人びとをロンドンはどのように受け入れたのだろうか。地方の極貧家庭に生まれ、上京したものの苦労が多く、逃げ出そうとしたところを、ボウ教会の鐘の音に呼び戻され、結局は三度も市長になったという伝説上の人物、ディック・ウィッティントンのような運のよい者が多くなかったことは、容易に想像がつく。

そもそもイギリスが「世界の工場」になったとき、ロンドンは「世界の輸入港」、「世界の銀行」になったのであり、また政治的・文化的な意味での「世界のメトロポリス」ともなった。他方、製造工業そのものは、むしろこの地を離れてゆく傾向を示したのである。「世界の工場」が生み出す巨大な富は、政治上のシステムを通じてロンドンに集中されたし、「世界の銀行」の収益もまたここに集中した。国内的にも国際的にも「異様」というべき富が、この一点に集中したといえよう。ヴィクトリア朝下のロンドンがまれにみる「消費文化の中心」、ひいては「ファッション・センター」となったのも当然である。ここにこそ、ウィッティントンと同じ夢を抱いて上京しながら、夢破れた人びとを吸収する二大カジュアル・ワーク――港湾労働と衣料品加工――が成立する条件があった。工業都市にはみられない巨大スラム成立の条件もそこにあったのである。ミンチン横丁や西インド・ドックやシンガー・ミシンこそが、「工業化時代のロンドン」の一面を象徴しているといえるのである。

参考文献

(1) H. Mayhew, *London Labour and the London Poor*, 4 vols., 1851; id., *Voices of the Poor*, ed. by A. Humphrys, 1971; id., *The Unknown Mayheu*, ed. by E. P. Thompson et al., 1971.

(2) C. Booth (ed.), *Life and Labour of the People of London*, 1st ser., vol. IV, 1902.

(3) P. Colquhoun, *A Treatise on the Commerce and Police of the River Thames*, 1800.

(4) J. A. Schmiechen, *Sweated Industries and Sweated Labour: The London Clothing Trades 1860–1914*, 1984.

(5) W. M. Stern, *The Porters of London*, 1960.

(6) R. C. Jarvisu, "Metamorphosis of the Port of London", *London Journal*, vol. 3, 1977.

（7） F・ブローデル『歴史入門』（金塚貞文訳、中公文庫、二〇〇九年）

（8） D. Cannadine & D. Reeder (eds.), *Exploring the Urban Past: Essays in Urban History by H. J. Dyos*, 1982.

＊ 本章は、中村賢二郎編『都市の社会史Ⅱ』（ミネルヴァ書房）所収の拙論「ファッションとスラム——十九世紀ロンドンにかんする一考察」をふえんしたものである。

盛り場のロンドン（増補）

川北　稔

イギリスが今日のEUのもとになったECに加盟する直前であったから、一九七二年の暮のことかと思うが、ロンドンで『誰も知らないロンドン』という観光案内のパンフレットを手に入れた。そこで真っ先に取り上げられていたのが、キャムデン・ロックであった。「ロック」というのは、運河を航行する船が傾斜地を通過できるように設けられた仕切りのことである。ロンドン港の歴史を将来の研究テーマのひとつに予定していた私としては、キャムデン地区を通って、ロンドンの中心部を東西につなぐ、リージェント運河には特別の関心もあったので、さっそくこの地を訪れてみた。

しかし、訪ねてみると、そこにはヒッピーの家族が二、三、手作りのアクセサリーを土産物として売っているだけの、ロンドンにしてはひどく鄙《ひな》びた場所であった。それでも土産物屋が成り立っていたのは、ここを発着点として、リージェント運河を往復する観光ボートがあったからである。イギリスの運河を行き来する細長いボートは、それを住宅代わりにしている人も多く、「ナローボート」の名で知られている。キャムデン・ロック発の観光ボートは、せいぜい一〇人乗りくらいで、リージェント・パークの動物園を通り抜け、メイダヴェイルで産業革命時代につくられた料金徴収所を通過する。さらに、ロンドンから西へ向かう鉄道の終着駅、パディントン付近で、遠くミッドランドや北部イングランドに通じるグランド・ユニオン運河とドッキングする。そこでこのボートは折り返すようになっていた。そのあたりは、詩人ロバート・ブラウニングが「リトル・ヴェニス」の名を与えた景勝地である。フランス人の英語教師と一緒になったこのささやかな船旅は楽しかったので、この観光ボートには、もう一度、乗ったこともある。

しかし、それから一五、六年して同じ土地を訪れた私は、一驚を喫した。「誰も知らないロンドン」だったはずのキャムデン・ロックは、ロンドンでも有数の「盛り場」と化していたからである。スーツにネクタイ姿で出かけた私は、地下鉄の駅を出たとたんに異様な雰囲気を感じ、自分がまったく場違いな格好でいることに気づいた。そこはいまや世界に冠たるパンクの青年たちのたまり場として、一大観光地となっていたのである、古着のジーンズを売るような屋台が軒をつらね、駅からロックまで、上半身はほとんど裸のような人の波であった。運河の岸は、アマチュア・バンドの野外演奏場となっていた。「騒がしいね」とアメリカ人とおぼしい二人づれの中年女性に話しかけたら、「これがいいのよ」と一蹴された。京都の加茂川と高野川が合流して鴨川となる三角地で、周辺の大学生たちが、「出町ロック」をやっていることを知ったのはかなりのちのことである。

ビートルズ時代のカーナビー・ストリートの賑わいが、七〇年代にはキングズ・ストリートに移り、いまやここキャムデン・ロックがその中心となったようであった。それにしても、そもそもロンドンに「盛り場」といえるものが出現したのは、いつのことだったのだろうか。

「盛り場」とは何か

ロンドンがいわゆる超巨大都市となったのは、十六、七世紀のことであった。一五〇〇年には、たかだか数万人にすぎなかったこの町の人口は、一六〇〇年頃には二五万人に達し、まもなくスコットランドからきた国王ジェイムズ一世をして、「いまにイギリス全体がロンドンに飲み込まれるだろう」と嘆かせるほどになった。この勢いはとどまるところを知らず、一七〇〇年頃には、五〇万人を数えた。ここにはじめて、本当の意味で都市的な生活環境が生まれたと思われる。「都市的な生活環境」の核心は、「匿名性」にある。つまり、町角で出会う人のほとんどが「知らない人」であるという環境のことである。

農村と区別された意味での都市の生活文化——文化の問題を扱うには、「都市」よりは「都会」という方が適切かもしれないが——には、むろん多様な側面がある。とはいえ、都会がもつ魅力のひとつが、その消費生活にあることは間違いない。華やかな消費生活のない、たんなる人の集まりは、都市ではありえても都会ではない。ウィンドー・ショッピングのできる商店街や様々な文化・娯楽施設の存在がその背景となっているのが普通である。したがって、そうした施設の集まっている「盛り場」こそが、都市の魅力の核心をなしているといえよう。「盛り場」とは、たんに人が大勢集まる場所ではない。そこには、レジャーや消費の匂いがなければならないし、多少は「問題の場所」でもあるはずである。中世や近世のフェア(「大市」と訳されることもある)には、まさにそうした雰囲気があるが、「盛り場」はいわばフェアが固定され、常設になった場所である。このような意味での「盛り場」は、イギリスでは、シェイクスピアとエリザベス一世の時代、つまり十六世紀のロンドンで、その先駆形態が生まれたといえる。日本でいえば、安土桃山時代のことである。

シェイクスピアの時代の盛り場

十六世紀のロンドンでショッピング街として知られていたのは、シティの王立取引所の内部を別にすると、同じくシティ内のチープサイドやロンドン・ブリッジが知られていた。当時のロンドン・ブリッジは、両側に貴金属やアクセサリーを扱う商店が軒を連ねていた。有名なヴェネツィアのリヒャルト橋と同じである。ロンドン・ブリッジから、いまはロンドンのど真ん中ともいえるが、当時は別の市であったウェストミンスターまで、輸入小物の店であふれていることは、同時代の文献でも、最近の目立った現象として強調されている。

レジャーとしてのショッピングそのものもこの頃にはじまり、ショーウィンドーのようなものが出現するのも、この時代である。一六六三年にロンドンを訪れたあるフランス人は、ショーウィンドー形式の商店街に驚嘆し、「世界中に、こんな街がほかにあるだろうか。すばらしい店の連続で、どの店も大きく、飾り付けはまるで舞台のように豪華である。すすんでいくにつれて、つぎつぎと違う光景が目をひき、またとない楽しみである」と書き残している。

「盛り場」にはまた、いささかの娯楽性も必要であった。のちのロンドンでいえば、劇場やミュージック・ホール、映画館などの集中したウェストエンドが、その特徴をよく示している。また、「盛り場」には、売春宿やセックス・ショップのような、いささか怪しげな臭いもなければなるまい。十六世紀のロンドンで、そのような場所として知られるようになったのは、テムズ川南岸のサザークの土地である。ここには、シェイクスピアのグローブ座をはじめ、劇場や熊いじめなどの見世物があり、売春宿にもこと欠かなかった。

売春宿の分布も、かなりわかっている。というのは、十六世紀に流行しはじめ、「フレンチ・ポックス」として知られるようになった梅毒の治療は、水銀を用いる以外に治療法がなかった。しかし、その水銀療法は、サージャンとよばれた理髪師兼外科医が独占的に扱っていた。そのため、彼らの分布図はほぼ売春分布図に重なる、といわれている。理髪師兼外科医の存在は、江戸時代日本の都市でいえば、床屋と同じで、男性の情報センターとなっていたが、それはまた、性病対策の相談のできるところでもあった。サージャンのギルドの正会員は全市的に分布しているものの、テムズ川南岸にかなり集中しているようにもみえる（ベアー／フィンレイ、川北稔訳『メトロポリス・ロンドンの成立』一九九二年）。

こうしてみると、十六世紀のロンドンでは、シティのチープサイドやロンドン・ブリッジ、その南にあたるテムズ川沿いにひろがった地域が「盛り場」の条件を満たしていたことになる。このあたりには、イギリス南部からロンドンに来る人びとやその馬車を泊める巨大な旅籠（イン）も多かったことが知られている。インやパブは、その派手な看板によって外国人旅行者の注目の的ともなっていた。十八世紀末、プロイセンの聖職者カール・モリッツ師は、陸路ロンドン入りしたとき、「街道の両側の建物を結ぶ梁の上につけられた大きな看板の数々」に仰天した。はじめはてっきり市門だと思ったが、よくみると宿屋の入り口だった、と記している。

上流人の「盛り場」社交庭園

ロンドン史で近代の「盛り場」といえば、ウェストエンドである。シティの西隣りを意味するウェストエンドが開発されたのは、主として十八世紀のことである。いまでもこの地域に十八世紀に始まった「スクエア」が多いことが、その事実を証明している。開発された当初、そこには貴族の邸宅が建ち並び、「盛り場」というには、あまりに上品すぎる雰囲気であったので、この地がミュージック・ホールや劇場、映画館の集中した典型的な

「盛り場」となり、「ロンドン、ロンドン、我らが歓喜、かの大輪の花、夜にこそ開く」と歌われるようになるのは、かなりのちのことである。ただ、十八世紀でも、ウェストエンドの中心部にあたるコヴェント・ガーデンといえば、ただちに売春が想像されるような状況にもあったのだが。

十八世紀には、ラニラやヴォクソールなど、いわゆる社交庭園（プレジャー・ガーデン）の方が、より特徴的な「盛り場」であったといえるかもしれない。「特徴的」というのは、これらの施設がせいぜい上流階級とアッパーミドル階級のそれであって、庶民のものではなかったからである。ともあれ、着飾った人びとが馬車を連ねてやってきて、そぞろ歩く自己顕示の遊び場であったことからすれば、そこには「盛り場」のイメージが多少はある。

ひたすらそぞろ歩くだけの、楽しみとしての散歩というものは、都会の生活に付随する現象のようなので――アリストテレスや西田幾多郎のそれは別にして――、ロンドン人がとくに散歩好きとして知られるようになったのは、そこに本格的な都市型社会が成立したことを象徴している。

外国人の観光客も、ほとんどがこうした社交庭園を訪れ、そこで見たロンドン人の行動様式に興味を示している。たとえば、十八世紀初めにロンドンにきたスイス人ジャーナリスト、C・ソシュールは、セント・ジェイムズ・パークについて、こんな観察をしている。「上流階級の人びとは、晴れた暖かい日には、ここに散歩をしにくる。夏は七時から十時、冬は一時から三時までの時間である。イギリス人は、男女を問わず散歩好きで、園内は他人と触れ合わずにはいられないほど混雑している。人びとがここに来るのは、互いに見たり見られたりするためである。」

上述のプロイセンの聖職者モリッツも、「(ラニラなどに比べると)二流の公園であるセント・ジェイムズ・パークでも、天気のよい日の夕方には、切れ目なく散歩の人の列が続く……ハンサムで、着飾った人びとのこのような大群に出くわしたのは、生まれてはじめてのことで、うれしかった」と言い、第一級と目されるラニラとヴォクソールをあいついで訪れたときには、感動のあまり声を失っている。

「一方では、どこまでも続く遊歩道を、互いに見たり見られたりしたい人びとがそぞろ歩く。反対側には、音楽好きたちがオーケストラのまえに陣取って、耳を傾けている。そうかと思うと、上等の料理で舌を満足させている人たちもいる。」

こうして、上流階級や中産階級の人びとにとっては、遊歩道や音楽堂、レストランなどを備えた社交庭園が、最高の娯楽センターとなっていた。着飾った人びとを「見たり見られたり」することは、上流階級のみならず、裕福になったロンドンの中産階級の自己顕示欲のあらわれ以外の何ものでもなかった。

ソシュールはまた、ハイドパークとそれに隣接するケンジントン・ガーデンにかけての一帯についても、「暖かい季節の日曜の夕方には、……着飾ったレディとジェントルマンが、互いに見たり見られたりするために、馬車を連ねてやってくる」としている。ふつう社交庭園の範疇には数えられないこうした場所にも、類似の現象があったことになる。と同時に、「見たり見られたり」ということが、社交庭園の本質的な役割であったこともわかる。それは、「盛り場」のひとつの機能でもあるだろう。

上品とはいいつつ、こうした庭園には、「盛り場」特有の性的な雰囲気もなくはなかった。ソシュールだけは、あっさり「多くの若い男は、遠からずこのような美しくて、チャーミングな妖精と懇《ねんご》ろになったことを後悔する」とのべて、売春と性病を暗示している。もとより、売春の多かったサザークに位置したパリス公園などは、当然、そうした期待をもって訪れる若者も少なくなかった。

ともあれ、社交庭園の賑わいは、十八世紀後半にも衰えなかったようで、世紀末にイギリスを訪れたハノーファーの貴族、F・キールマンセッゲも「とてつもなく大勢の人びとがラニラ公園に集まって、そぞろ歩きを楽しむ有様は、興味深く、無数の照明と音楽もあって、はじめて見る人の度肝を抜く」としている。しかも、彼が驚嘆したのは、たんにその賑わいだけでなく、そこに集《つど》う社会層の多様性に対してでもあった。そこでは、「どんな階層の人とでも付き合うことができ、階層間の区別がない。」そのために、「誰がヨーク公やら、だれが王族やら、さっぱりわからず、そうした人にさえ、帽子をとって挨拶などする必要がない」というのである。

「盛り場」ウェストエンドの成立

外国人の旅行者たちは、ロンドンの劇場についても、しきりに言及している。ソシュールはドルリー・レイン劇場とリンカーンズ・イン・フィールドのそれを、キールマンセッゲは、ドルリー・レイン劇場とコヴェント・ガーデン劇場を、それぞれ推奨している。いずれも、のちの時代にウェストエンド・シアターランドと称される地域の劇場である。

しかし、なお彼らの記述の印象からすれば、十八世紀には、これらの劇場が「盛り場」の中核を構成する要素になっているとは思えない。ウェストエンドが真の意味で「盛り場」となるためには、少数の王族や貴族やジェントリだけでなく、もっと広い範囲の人びとを引きつける必要があった。「盛り場」が「盛り場」であるためには、かなりの数の人びとを集めなければならないからである。つまり、本来は中産階級であった人びとにも、魅力のある場所でなければならなかった。

いささか固苦しいが、歴史学の成果からいえば、一八五〇年前後に、イギリスの支配階級であるジェントルマンの中核が、伝統的な地主ジェントルマンからシティの金融ジェントルマンに移った、といわれている。とすれば、そのときはじめて、ウェストエンドは、その劇場群を中心に新たな「盛り場」となったのかもしれない。しかし、当時の流行からすれば、この過程を推進したのは、劇場よりは、ミュージック・ホールであったという可能性もある。

中産階級や大衆を顧客としたミュージック・ホールが全盛期を迎えるのは、十九世紀後半のことである。一八六三年、『オブザーヴァー』紙は、いまやロンドンには「野いちごの数ほどミュージック・ホールがある」と主張しているし、一八八〇年には、その数五〇〇ともいわれた(ミュージック・ホールについては、井野瀬久美恵『大英帝国はミュージック・ホールから』朝日選書、一九九〇年)。

初期には、この種のホールの大半は、ピアノとパーラーのみからなる小規模なものが多く、とくにイーストエンドあたりでは、粗末なものが多かったといわれている。

これに対してウェストエンドでは、「アルハンブラ」を代表例として、豪華で、オーケストラの入っているものもあった。「アルハンブラ」は、また、最初に株式会社方式をとった施設としても知られているが、「屋根のあるヘイマーケット、またはリージェント・ストリート」と揶揄され、売春との不快なつながりを指摘される一面もあった。

一八七〇年代以降は、こうしたホールはますます巨大化し、劇場に匹敵する風情となった。発展のピークとなった二十世紀初頭には、ウェストエンドのミュージック・ホールでは、歌や漫談、勧善懲悪の「感傷劇」、メロドラマ、愛国主義の寸劇、手品、腹話術、黒人霊歌——ゴスペル——、タップ・ダンス、曲芸、子供や動物を用いるパフォーマンスなど、「ありとあらゆるエンターテイメント」が見られるようになった。

しかし二十世紀がすすむと、ミュージック・ホールは人気を失い、映画館がこれに代わる。一九〇九年のロンドンには映画館は九〇館しかなかったが、三年後には四〇〇館を越えたとされているが、その多くはウェストエンドに集中していたはずである。

つとに十八世紀初め、先にも引用したスイス人ソシュールは、つぎのように述べている。「四つの通り、すなわち、［テムズ川北岸を川に沿って走る］ストランド、フリート・ストリート、チープサイド、［金融街］コーンヒルこそは、ヨーロッパで最も素晴らしい街路である。これらの通りが興味深い理由のひとつは、商店街と看板である」、と。フリート・ストリートやストランドは、ウェストエンドの一部である。

とはいえ、ウェストエンドとは、正確にはどこなのか。大まかには、ロンドンの中心部を東西に走るオクスフォード・ストリート、湾曲しながら南北に走るリージェント・ストリート、ピカデリー・サーカスから西に延びるピカデリー・ストリートに囲まれた地域のことである。同地の開発を手がけたのは、重商主義の理論家でもあったニコラス・バーボンだといわれており、十七世紀後半のことであったが、それが本格的になったのは、十八世紀になってからのことであった。ただし、ウェストエンドと呼ばれる地域は、時間の経過とともに、しだいに西の方にひろがっていった。その展開のもとになった現代の主要なショッピング街が開かれるのは、十九世紀のことである。二十世紀にはまちがいなく、この地域がロンドンの「盛り場」となった。

なかでも、ハイドパークに近い西部はメイフェアと呼ばれており、その名のとおり、かつては、毎年、フェアの行われる場所であった。このフェアは、十八世紀にはしばしば騒乱を伴う反社会的な慣習としてしばしば禁止令が出された。一七〇〇年前後に出版された『ロンドン・スパイ』の著者は、「これほどおびただしい数の怠けものらしき悪漢たちと、乞食のようでだらしなく、忌むべき淫売の集団を見たのは初めてだ」と嘆いている。

しかし、十八世紀はじめには、いまでも高級店の立ち並ぶボンド・ストリートが北に延びてオクスフォード・ストリートに到達し、いくつかのスクエアも拡大された。以来、この地には貴族が続々とそのロンドン屋敷を展開するようにもなった。こうして、ほんらい、臨時の、猥雑な民衆の祭りの場であったフェアが抑圧され、しだいに、高級なショッピング街に代わったのである。十九世紀半ばには、なお、一人歩きはできないような物騒な土地であったといわれるほどの場末であったナイツブリッジに、百貨店ハロッズが開業し、二十世紀初めにはオクスフォード・ストリートにセルフリッジ百貨店も開業する。

こうして、フェアのときだけの「盛り場」は常設化され、しかも、上流階層のための諸施設と下層民衆のそれとが混在する、近代の「盛り場」となったのである。

シャーロック・ホームズのロンドン

「ファッショナブル・ロンドンの端をかすめ、ホテルのロンドンをつき抜け、芝居小屋のロンドン、文学のロンドン、商業のロンドンを次つぎと駆け抜けて、ついに海洋のロンドンに至るのだ。そこには、何十万人もの人が住んでいるのだが、ヨーロッパのアウトカーストたちの放つ熱気と臭気が立ちこめている」というのは、ケンジントンから東部のステプニー地区まで、シャーロック・ホームズが、かのワトソン君とともに馬車を走らせる場面のコナン・ドイルの描写である。十九世紀末のロンドンは、まさにこのような地域性を示していた。「ホテルのロンドン」は、ハイドパークの北側のベイズウォーター地区、「芝居小屋のロンドン」は、レスタースクエアを中心とするシアターランド、「文学のロンドン」は、大英博物館やロンドン大学などのあるブルームズベリ地区、「商業のロンドン」はいわゆるシティであり、「海洋のロンドン」はいうまでもなく、移民労働者の蝟集したイーストエンド、すなわちロンドン港地区のことで、今日のドックランドである。ホームズの時代でいえば、「ファッショナブル・ロンドン」と「芝居小屋のロンドン」こそは、「盛り場」の中心であっただろう。

しかし、それはあくまでロンドンのなかでの話でもある。地方の人びとや外国人にとっては、多くの場合、ロンドン全体が「盛り場」であった。十八世紀には毎年上京して定住する者が八〇〇〇人を数えたともいわれるから、外部からみれば、ロンドン全体が輝いてみえたことは、いうまでもない。十九世紀末に書かれたベネットの小説『北部から来た人』の主人公は、田舎町で過ごした少年時代、ロンドン行きの列車が出るのを眺めては、悲しい思いに浸るのを、屈折した、密かな楽しみとしていた。ロンドン行きの上りホームは、マンチェスターやリヴァプールに向かう下りホームより、遥かにスリルがあったのである。

この小文は、都市問題研究会編『都市問題研究』（五一三号、一九九三年）に掲載したものを一部改稿したものである。本文では、ロンドンの盛り場についてあまり触れられなかったので、文庫版上梓に際して採録した。

盛り場の形成
パリのブルヴァールに集まる人びと

喜安　朗

レ・グラン・ブルヴァール

ブルヴァールといえば、都市の大通りのことであり、一般には美しい並木をともなったもので、十九世紀以降の近代都市計画との関連が、まずもって念頭に浮かんでくる言葉である。実際、十九世紀後半のパリにおける、オスマンのパリ大改造は、きわめて多数のブルヴァールをパリの市街地に配置することを、その都市計画の重要な軸とするものだったことは、すでによく知られていることである。

だがパリにはこうしたブルヴァールと区別されるものとして、「レ・グラン・ブルヴァール」(Les Grands Boulevards) と称せられる一続きの大通りが存在する。この大通りは、西端のマドレーヌ聖堂から、東に向かってゆるやかな弧を描いてサン-ドニ門、サン-マルタン門に至り、そこのブルヴァール・サン-マルタンと名づけられる大通りの東端から南に折れ曲がって、バスチーユ広場に達するものである。マドレーヌ聖堂に発するブルヴァール・ド・ラ・マドレーヌ、それに続くブルヴァール・デ・キャプシーヌ、次いでブルヴァール・デ・ジタリアン……と、あいつぐ異なった名称をこの大通りは持っている。

これがとくにグラン・ブルヴァールと呼ばれているのは、最初の近代的な「目抜き通り」、近代の盛り場を形成するに至った最初の大通りという意味が込められているからであろう。十九世紀になって、グラン・ブルヴァールの一角に、それまでのとはいささか様相を異にした新しい盛り場が形成されたということは、パリの都市空間の変容を告げると

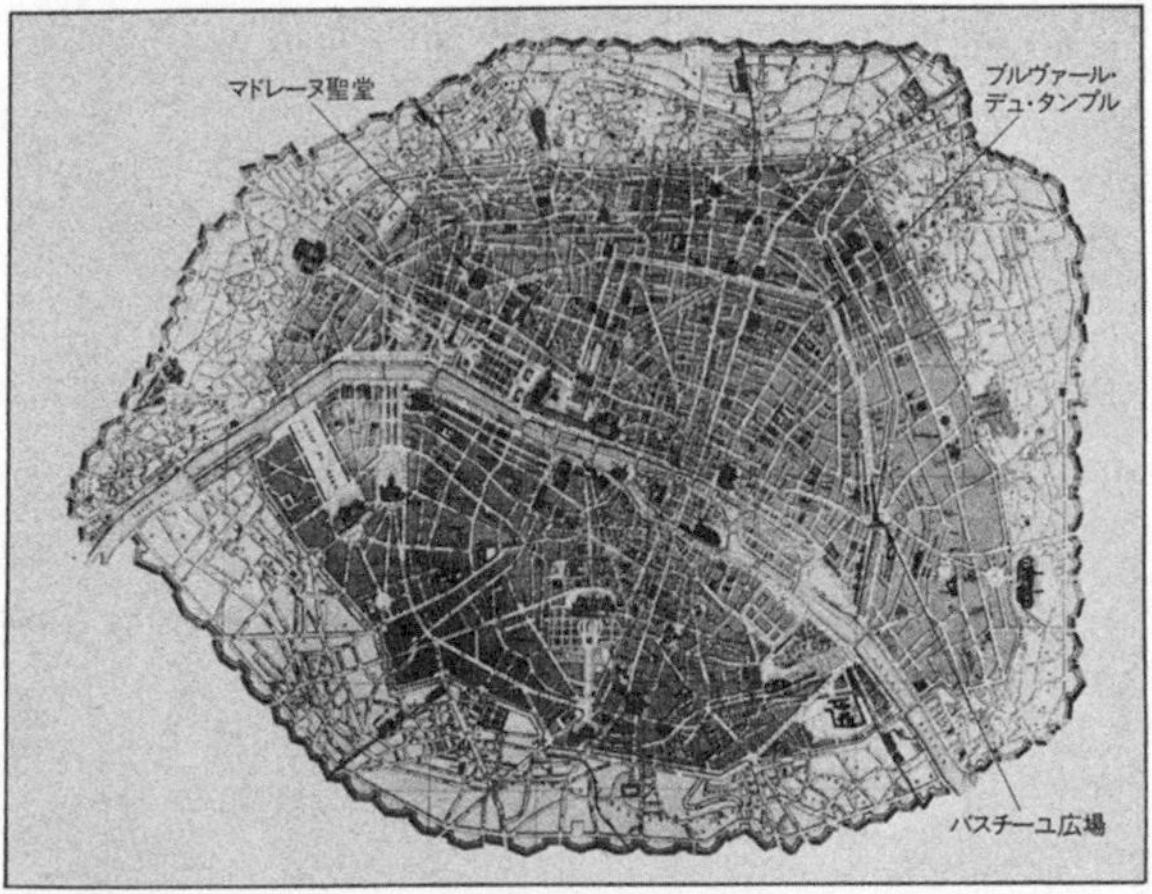

19世紀のパリ全図　M. Gaillard, *Paris au XIXe siècle*, Fernand Nathan, 1981より.

同時に、パリの住民の生活と心的な態度の歴史のうえでの、一つの出来事であったように思われるからである。

出来事の影を読む

そこでまずみていきたいことは、十九世紀になってグラン・ブルヴァールに盛り場が出現していく過程は、どのような出来事から成り立っていたかという点である。これらの出来事は、次第にブルヴァール上に設置され始めたガス灯の輝きのなかで、まがうことなきものとして、人びとの目に投影された。これらの出来事は、まがうことなきものと考えられたからこそ、当時流行のピトレスクと称された通俗文学の筆者たちは、次々に情景が展開されていくパノラマ風の風物描写によって、それらの出来事を描いているのである。この時期のパリのガイドブックも、この種のものの一つである。したがって、描写はきわめて豊富に、そして乱雑に、われわれの前に残されている。しかしそこでは、出来事がまがうことなきものと考えられていたために、描写される出来事に影が存在しない。このため、そこに歴史性が存在せず、われわれには、うたかたのごときものとして見える。そこでこうした描写を借りながら、出来事の影を読みとらねばならない。それはここでは、出来事によって投影されたパリ住民の生活様式であり、またそこに生み出されてくる都市空間の構造である。

1　ブルヴァールにおける出来事

チュルゴの地図――大貴族の館と大庭園

グラン・ブルヴァールの建設の契機は、一六七〇年にルイ十四世が、パリを開放都市(la ville ouverte)とすることに決めたことにある。これは、フランスがヨーロッパ諸国のなかでその立場を強化したことを背景として、パリを囲む城壁を撤去することを意味していた。この城壁はシャルル五世とルイ十三世が築いたものだったが、ルイ十四世は、一六七〇年六月七日の勅令で、まずサン-ドニ門からバスチーユまでの東の部分の取壊しを命じ、一六七六年の勅令で、サン＝ドニ門からサン＝トノレ門までの西の部分の撤去を命じた。そしてその跡地を、並木をともなった車道一〇メートルを含む約三六メートル幅の遊歩道とすることにしたのである。具体的なプランは、パリ市と国王おかかえの建築家ピエール・ビュレと、建築アカデミーの院長たるフランソワ・ブロンデルが作成し、一六七六年七月に、パリ市長ともいうべき商人奉行から国王に提出された。このプランは、他の都市改造をもめざす総合計画で、遊歩道の建設はその一環とされていたものである。遊歩道の建設工事は順次おこなわれていったようであり、ブルヴァール・ド・ラ・マドレーヌは一六八〇年頃、ブルヴァール・デ・ジタリアンは一六八五年に完成という具合であった。十八世紀になって、ようやくグラン・ブルヴァールの全容が出来上がる。(1)

一七三九年のチュルゴの地図でみると、マドレーヌ聖堂はまだ建設されておらず、それに続くグラン・ブルヴァール、とくに後に盛り場となるブルヴァール・デ・ジタリアンやブルヴァール・モンマルトルも、これらの大通り沿いの人家はほとんど稀にしか存在しない。大通りの北側、つまり市の中心より遠い側は、畑地か、塀によって大通りとさえぎられた庭園がすべてといってよい。大通りの南側には、大邸宅の裏側の大庭園が並んでいるのである。地図は、この大貴族の所有する大邸宅の正面と入口が、大通りから南にへだたったヌーヴ・サン＝トーギュスタン通りに接しており、この大邸宅の背後の大庭園が、ブルヴァールに向けて美しく広々とつながっている有様を示している。ブルヴァールには四

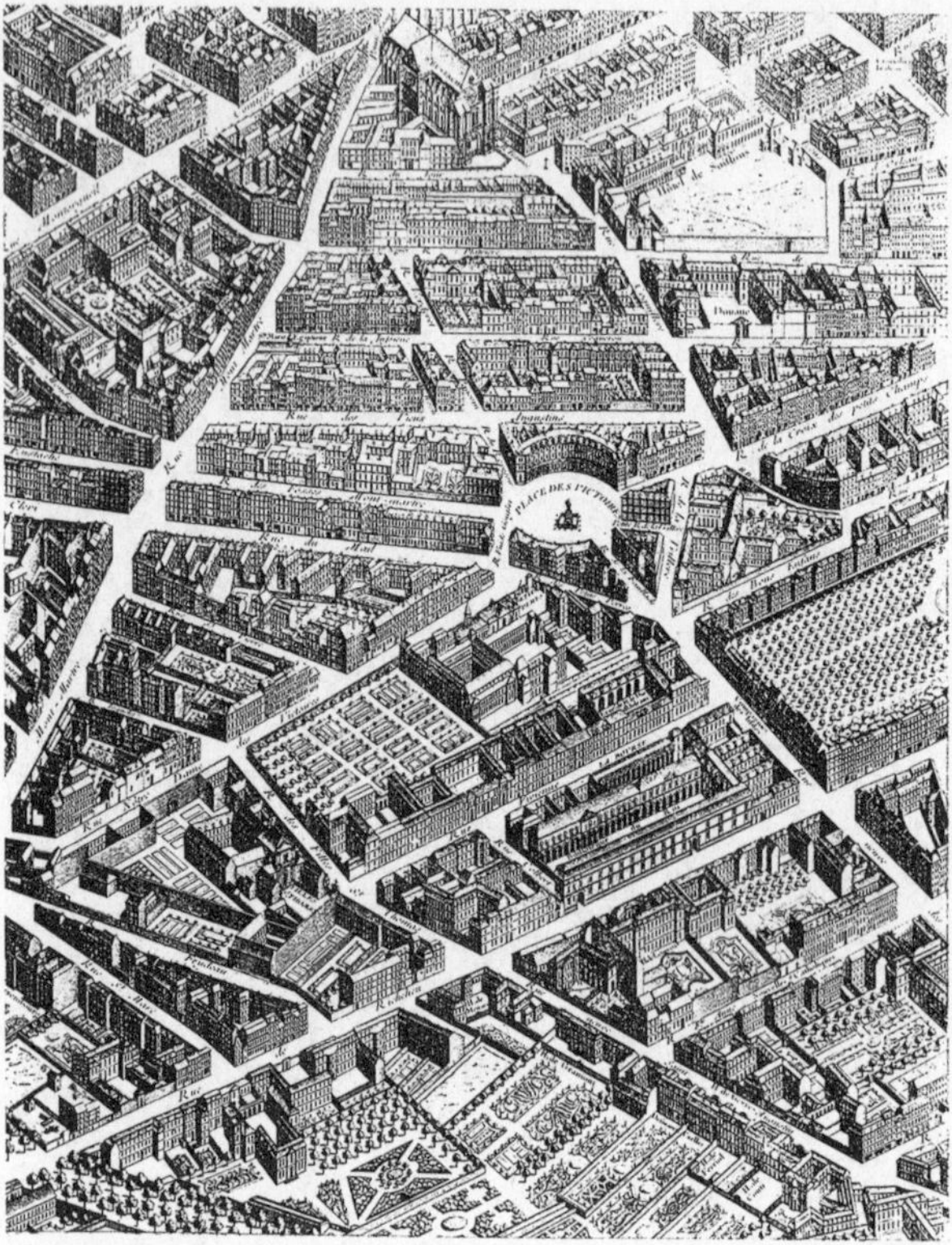

下の並木の道がグラン・ブルヴァール

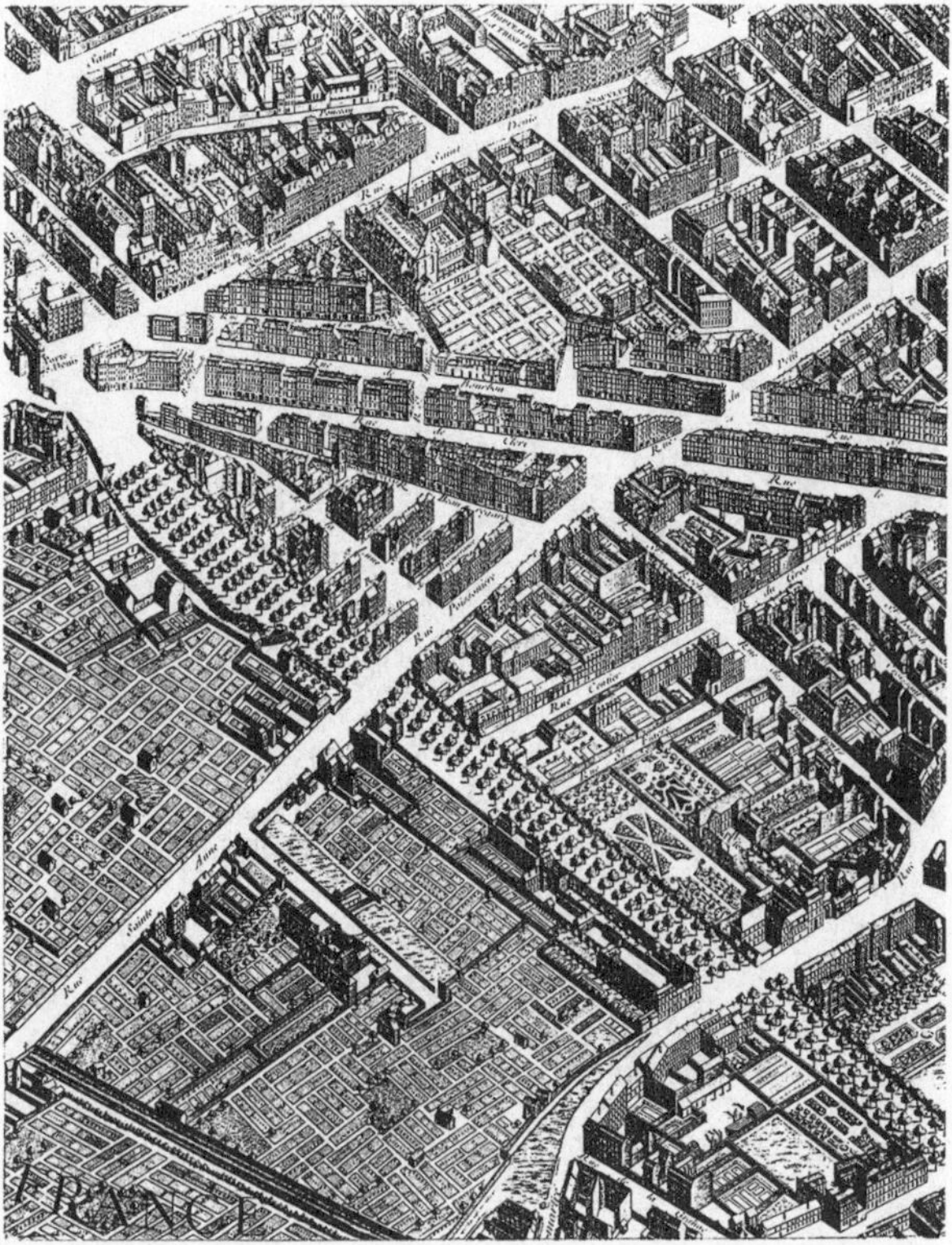

チュルゴの地図（1739）

列に樹木が並んで続いている。要するに、大通りに接している家屋はまばらであり、市街地のはずれの田園地帯という感じである。

一八〇八年の地図――ブルヴァール・デ・ジタリアンの変容

このような状態が、十八世紀中にどのように変化していったかについては、不明な点が多いが、それは変化についての記述がないことによる。つまり、変化は出来事性を帯びたものとして表面化していないのである。ところが、十九世紀にはいって、ブルヴァール・デ・ジタリアンに急激な変動が現れてくる。この変動は後になって、ひとまず例えば次のような概観を与えうるものだった。

「しかし第一帝政下においても、次のルイ十八世治下においても同様に、このブルヴァールは、一列に並んだ緑のしげる高い古木が植えられ、道の両側が低く打ちかためられた地面となっている（将来の舗道となるもの）、全くの遊歩道であることに変りはなかった。十八世紀の大貴族がそこに造築した美しい館やパヴィリオンは、いたるところにその姿をとどめていた。彼らの大庭園もまだみることができ、また安普請の小さな家屋も、この著名な散歩道のところどころに建っていた。ところがもう、アパルトマンとして使われるための多くの建造物が建てられており、それが少しずつ増加していた。低い小さな家屋も数をまし、庭園は縮小し、ほとんど消滅しようとしていた。

カフェや遊びの場、ブティクが次第に開店してその数を増し、シャルル十世の治世の末期には、このブルヴァールの様相は、すでに大きく変化した。車道が大きな敷石でかためられ、車止めの石の列が、歩行者用の広い道とこの車道を分けていた。この歩道ともいえるところも七月革命の少し前になって舗装されたのだった。(2)」

この記述は、七月革命（一八三〇）前後からブルヴァールの急速な変容を印象づけようとして、第一帝政下（一八〇四―一五）では、大貴族の館や庭園がまだその姿をとどめていることを記し、王政復古期（一八一四―三〇）後半から、貴族の大庭園が、カフェ、遊びの場、ブティク、アパルトマンなどに変わって、ブルヴァール沿いに出現することを示そうとしている。

このような変化の流れは、出来事の大筋としては間違いあるまい。この流れの背後では、大貴族は、遊びの場を造りあげようとする野心的な事業家に、自分の大庭園や館をすら、分割して売却し、また賃貸しているのである。これは貴族層が、新しい都市空間の形成に対しいち早く対応して、名士層としての社会的地位に自らを転位させようとするものだったといえるだろう。

しかもこうした社会的な変化の方は、ブルヴァールのトポグラフィの上に現れてくるより先に、この記述の示す時代よりも早くから進行していたものだった。

第一帝政下の一八〇八年にメールによって作成された地図をみると、たしかに、まだ大

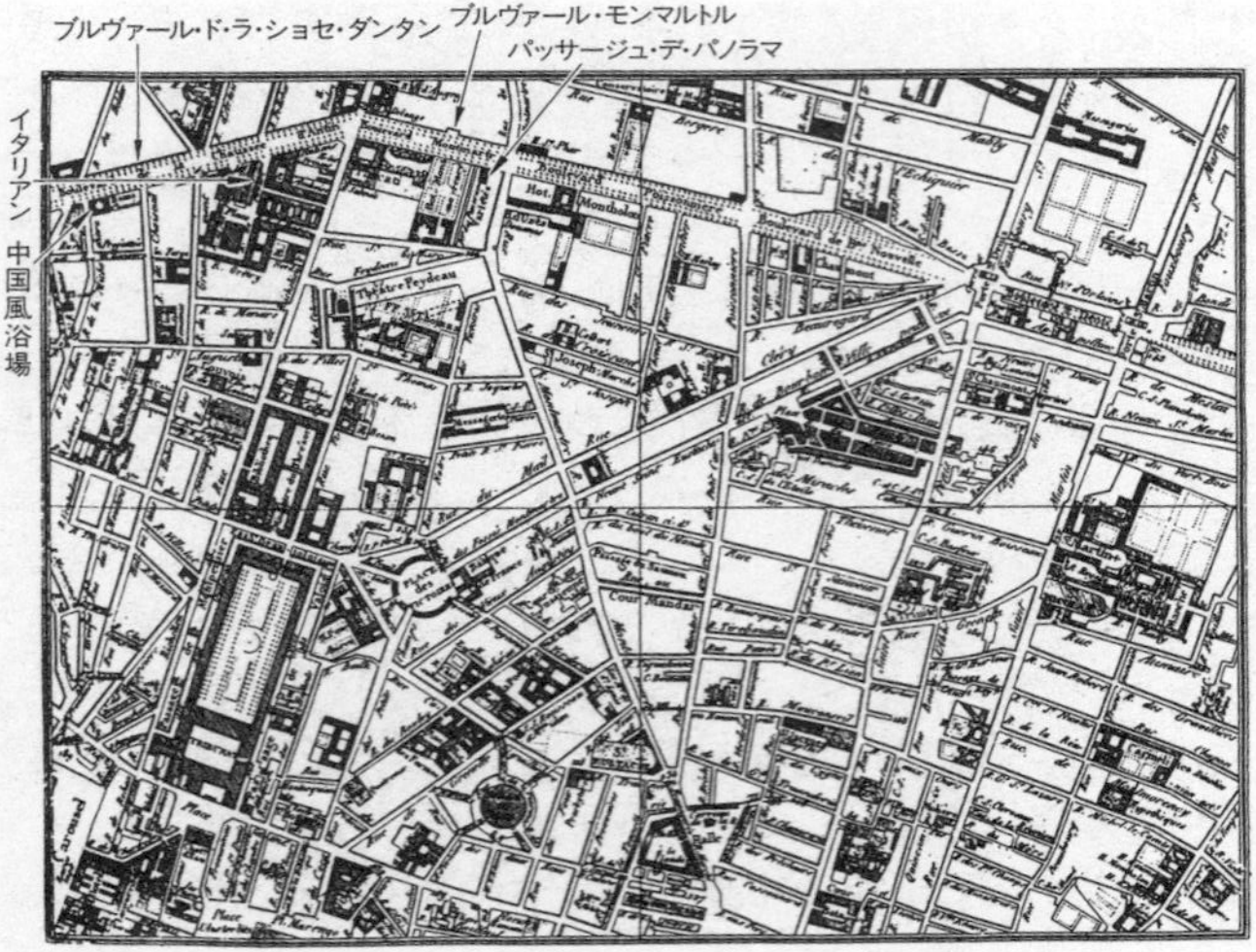

ブルヴァール・ド・ラ・ショセ・ダンタン（1808） ブルヴァール・デ・ジタリアンとも呼ばれる大通り J. Hillairet, *Dictionnaire historique des rues de Paris*, Minuit, 1963, plan 7 より.

貴族の館や庭園が、ブルヴァールの南側で、記述にあるように支配的な位置を保っていることがはっきりする。この地図では、ブルヴァール・デ・ジタリアンは、ブルヴァール・ド・ラ・ショセ・ダンタンとなっているが、この大通りの南側は、たしかに大きな変化をみせる。その変化の中心は、この大通りのほぼ中程の南側沿いに、「イタリアン」と記した建物であり、これは、「ファヴァル」と名づけられる劇場である。これはイタリア人によってオペラ・ブッファが演じられていたものであり、ブルヴァール・デ・ジタリアンというこの大通りの名称は、このイタリア人ということから由来しているのである。この劇場の成立の事情が多少ともここでの問題となるのだが、それは後に述べることとしよう。

この劇場の小さな街路をへだてた両隣りは、すでに大通りに面した家屋が建ち、かつての貴族の庭園は姿を消している。しかし、この大通りの東の端のリシュリュー通りとの角の一角は、オテル・デ・プランスという館が残っている。しかし大通りの西端、ミショディエール通りとの角には、「中国風浴場」が出現している。これは、カフェ・レストランとしての性格も兼ねる高級な浴場として、次第に人を集めており、このブルヴァールの近い将来を予知させるものとなっているのである。

ブルヴァール・デ・ジタリアンの東に続くのは、ブルヴァール・モンマルトルであるが、この大通りの南側は、フラカスティと指示されている建物と大きな庭園にはじまり、それに続くのはモンモランシ—ルクサンブールの館であり、その東隣りに細い道が地図上に出ているのだが、これが有名なパッサージュ・デ・パノラマの最初の頃の姿である。このように地図の上では、この大通りには庭園や館が並んで、一見すると何の変化も起こっていないようにみえるのだが、実はこの地域の様相を根底から覆すような変動がすでに進行していた。

この大通りの東に続くブルヴァール・ポアソニエは、モントロンの広大な館が南側を占めていて、ここでの変化の予兆は地図の上に現れていない。

このように一八〇八年の地図の上には、十九世紀の前半に、新しい都市の盛り場、しかもパリの中心的な盛り場になっていくような兆候は、はっきりとは現れておらず、大貴族の庭園や館の所在が、まだはっきりとその跡を残しているのである。まだこれでは、新しい都市の出来事としての盛り場の出現を、ブルヴァールにおいて語ることはできない状態にあるといえよう。

だがこうしたなかで、劇場「ファヴァル」、そして、ほんのかすかに地図の上に描かれているパノラマと呼ばれるパッサージュは、それを浮き上がらせている影によって、すでにこの界隈の変容がとどめがたいものであることを示していたのである。

劇場「ファヴァル」の建設

ブルヴァール・デ・ジタリアンに接していた劇場「ファヴァル」の存在する一帯の地所、

それは、大通りから劇場の両側に沿って南に入ったマリヴォー通りとファヴァル通り、それにこの二つの街路を結ぶジレトリー通りによって囲まれた地帯であるが、この地所はエチエンヌ・フランソワ・ショワズール公の所有する館の庭園であり、この大貴族が、一七八〇年に、劇場と新しく建設する右に指摘した三つの街路のための用地として、その庭園を譲ったものであった。これは一七八〇年に国王の勅許をえてのことであり、それはイタリア・コメディ上演の劇場と三つの街路の建設の許可ということであった。劇場は一七八三年に完成し、イタリア・コメディとされていたが、実際にはオペラ・コミック座が一七九七年までこの劇場を使ったのだった(3)。

ショワズール公といえば、ポンパドゥール夫人の寵を得、七年戦争時(一七五六―一七六三)の外交、陸海の軍事を指導した長官であり、百科全書の出版を援け、最後に財政難の危機と高等法院の敵対で一七七〇年に失脚した人物である。いわば革新官僚で新しいエリート層を形成していた貴族だったのである。劇場が完成したのは彼が死去する二年前のことである。この人物のオペラ・コミックを支持した態度が果してどこにあったかは詳細に知ることはできないが、結果的にみれば、この劇場の建設は、貴族層の新しい名士層への転化の潮流に力をそえるものだったといえよう。

一七九七年にオペラ・コミック座がフェイドー街の劇場に移った後は、さまざまなグループがこの劇場を使ったが、一八二七年からオペラ・ブッファのイタリア人劇団が登場し、一八三八年に大火で劇場が消失する。再建された劇場には再びオペラ・コミック座が登場し、小屋も、オペラ・コミックと呼ばれるようになった。

最初の大きな出来事

一七八三年に建てられた劇場は決して豪華なものではなかった。暖房もなく、灯油によるケンケ灯が、ガス灯の時代になっても、ともされていた。仕切席とて、そこに坐る人物を他の観客の目からさえぎるようなものは別になく、観客相互の間の開放的な性格をそれは表現していた。明らかにこの劇場を支配していたのは、ブルジョワたちの新しい開放的な社交性であったようだ。とはいえ、オペラ座の荘重な歌劇にはあきたりなくなって、オペラ・コミックやオペラ・ブッファの喜歌劇の軽妙さを楽しもうとする貴族層出身の名士たちも足を運ぶのであって、そのことがかえって、ブルジョワの開放的な社交性が、とどめがたい文化の潮流となってきていることを示していたのである。

こうして、ルイ十六世のもとで近代にむかっての改革の試みをおこない、高等法院の抵抗にあって政治的には挫折した大貴族のショワズール公が、自己の所有する庭園をあけわたして、「ファヴァル」の建設を実現させたことは、ブルヴァールにとっては、最初の大きな出来事を生み出すことになったといえる。それは決して偶然の出来事ではなかった。それは、ショワズール公に表れた近代への志向性が、長い連続した時間の持続のなかで、ブルヴァール上での新しい社交性の場の出現という形をとった出来事に帰着したのである。劇場「ファヴァル」は、ブルヴァール・デ・ジタリアンを変容させていく、最初の、最も大きな出来事となった。

ブルヴァール・モンマルトルでの小さな出来事

東に続くブルヴァール・モンマルトルの方はどうだろうか。フラカスティと書かれた建物と庭園、さらにモンモランシー＝ルクサンブールの館、その脇に目をこらしてみれば、パッサージュ・デ・パノラマと記された細い通路が存在していることが、一八〇八年の地図から読みとれることは、すでに記したところだ。

しかしモンモランシー＝ルクサンブールの邸宅と庭園の地所は、すでに一八〇〇年に分割して売りに出されており、その一部を買い取ったJ・タイエという事業家が、この年にパッサージュ・デ・パノラマという通路をつけたのだった。彼はこのパッサージュのブルヴァール側の出入口の両角に、二つのパノラマ館を設置した。パノラマは、風景や歴史的情景を円形の絵画にし、機械仕掛けによってそれを動かしたり、照明を与えたりして、いわゆる錯視効果を高め、観る人に臨場感を与えて喜ばそうとするものである。しかし当時はまだ、この仕掛けは一七八七年にイギリスで考え出されたばかりで、これが見世物として興行的に当りをとるかどうかは、全くの未知数に属していた。一七九九年に、アメリカ人の技師で、蒸気船の発明で知られるフルトンがこの仕掛けをフランスに持ち込み、タイエが画家のP・プレヴォと組んで、すぐさまブルヴァールの呼び物として成功させようとしたのだった。

パッサージュの両角にできたパノラマ館は、それぞれが直径一四メートルの堅固な円形の低い塔のようなもので、その一つは、チュイルリー宮上空からみたパリの風景、他の一つは、一七九三年にトゥーロン港から撤退するイギリス軍を描いたものだったという。この大胆な試みは成功し、一八二〇年頃までは、たくさんの観客をブルヴァールにひきつけることになった。(4)

そしてさらに急いでつけ加えておかなければならないことは、一八〇七年に、パノラマ館の東隣りに「ヴァリエテ」という劇場が建てられたことである。ラザールの一八四四年の『パリ街路辞典』には、この劇場はパリの中でも最も快適で美しいものだと指摘されている。この劇場には、それまでパレ・ロワイヤルの劇場を使っていたヴァリエテ座が、そこに居られなくなったために、移ってきたのである。この移転の原因は、一八〇六年の劇場に関するナポレオンの法令にあった。彼はこの法令で、パリの公認の劇場を八つに限定するという、群小の劇団の役者には脅威を与える処置をとったのである。その八つとは、テアトル・フランセ、オペラ、オペラ・コミック、そして二流のものとして、ヴォードヴヴォードヴィル、ポルト・サン゠マルタン、ゲエテ、ヴァリエテ・エトランジェ、そしてヴァリエテ

パノラマ館　中央の円筒形の建物（1827）*Nouvelle histoire de Paris 1815-1830*, Hachette, 1977 より.

であった。ヴァリエテ座は八つの中に入ったのだが、パレ・ロワイヤルの劇場を使用できないことになった。そこで、タイエがモンモランシ－＝リュクサンブールの館から買い取った土地で、まだ空地になっていたところに目がつけられ、そこに劇場が建てられたのだった。

ヴォードヴィルやコメディを演じて、パレ・ロワイヤルの劇場で人気を集めたヴァリエテ座が、一八〇七年当時は田園地帯とでもいえる、このブルヴァールの一角に位置を占めるということは、やはり冒険であった。しかし、その人気役者のオドリー、ペルレ、ポティエらは、相変わらず客を引きつけることに成功した。一八六〇年代の後半、第二帝政（一八五二―七〇）の繁栄のもとで、ブルヴァールがパリを征服するかにみえたとき、その雰囲気を表現するように、オッフェンバックがヴァリエテ座にも登場することになる。ヴァリエテ座は、ブルヴァールの社会的上昇の歩みに忠実に従っていくのである。

パノラマ館の出現

十九世紀の初頭、ブルヴァールには、その変容をつげる出来事が生まれつつあった。それは、以上のようにいささか細かくみてみないと見過ごされやすい小さな出来事としてあるのだが、とはいえ長い間にわたり持続してきた社会的変化のなかで、ようやく頭を現し始めたものであった。

ショワズール公が自分の館の庭園に、劇場「ファヴァル」を建て、そこでオペラ・コミックやオペラ・ブッファが演ぜられるということは、別にそれほどの大事件ではありえないのだが、貴族層がブルジョワ社会のなかに名士層として位置を占めていく長い過程と深くかかわっている。蒸気船を発明したフルトンが、パノラマの特許をもってパリに乗り込んできて、興行のめどをつけようとする。彼には資金がなく、冒険的なパリの事業家が、これもまたブルヴァール沿いの貴族の庭園を買いとって、まだ田園地帯といってよいところに、パノラマ館を実現してしまう。この出来事は産業化の波と確実につながっており、社会的上昇をとげるブルジョワジーのエネルギーと関係している。ブルヴァールにおける盛り場は、したがって新しい社会的な出来事として生み出されようとしているのである。ヴァリエテ座のヴォードヴィルやコメディが、オッフェンバックの登場へと飛躍していくのも、こうしたブルヴァールの変容を出発点としている。

2 盛り場の移動

ガス灯と鉄とガラスのパッサージュ

イタリアン、またモンマルトルと名づけられるようになったグラン・ブルヴァールの一角に、馬車や徒歩で散策する人びとの姿が多くなっていったのは、十八世紀なかば過ぎのことであったが、それが十九世紀の初めになって、盛り場の様相を呈しはじめる重要な契機となったのは、これらの大通りに劇場やパノラマ館のような見世物が進出したことにあるのだ。しかもそれは、ブルジョワジーの社会的上昇という潮流を明らかに反映するものであった。

それはこの大通りの雰囲気を急激に変えた。一八一四年のブルヴァール・デ・ジタリアンを描いた絵をみると、中央に車道の通る両側の大きな歩道の木影には、さまざまな屋台や小屋がけの、また行商の呼売り人たちがひしめいているのがわかる。一八一五年に警察は、このような小商いの人びとの増加するのに規制を加えなければならなかったという。

パッサージュ　名称はギャルリー・ヴィヴィエンヌ
M. Gaillard, *op. cit.* より.

ヴォードヴィルやコメディ、オペラ・ブッファなどが人びとを集めると、この界隈に散策に出る人びとを増加させ、それを目あてにまず呼売り人が増大する。

同時にカフェが大通りに店を開き増加していくが、新しい盛り場としての地歩を確立したのは、パッサージュの繁栄だった。

一八〇〇年につくられたパッサージュ・デ・パノラマは、一八一七年というパリでは最も早い時期にガス灯が灯り、新しい時代の商店街の発展を象徴するものとなる。パッサージュの両側の建物の高いところに、この建物と建物との間に鉄の梁が組まれ、そこにガラスが張られ、パッサージュはこのガラス天井を頭上にのせているのである。このような通路が商店街として生まれたのは、道路の舗装や歩道が完備しない段階で、変わり始めた都市での散策を落ちついて楽しむことのできない状況に対応して生み出された過渡的なものといわれる。しかし、ガス灯と鉄の梁とガラスの天井の商店街の出現は、完成した当時は、産業化を背景にした新しい消費の時代がやってきつつあることを告げるものであった。鉄の梁が記念物以外の普通の家屋や商店に使用されるということは、当時はきわめて稀なことであった。ガラスの大量の使用も同様である。ガス灯もまた、灯油の街灯と異なって、ガス製造工場を中心に市内に配管工事をおこなっていくような組織性をもった経営体を、その背後にもつものである。しかもこうした産業化を告知している諸物資が、パッサージュという機能性・機動性をもった、新しい都市の商業施設において使用されているのである。つまり、パッサージュは、道路の舗装や歩道の未完成、大量消費の初期的な段階という過渡期に、即座に機動的に対応するものとして作られたものであった。しかもそれは、パリ名物であった埃を防ぎ、風雨を避け、しかし採光に留意するという機能性が重視されていたのである。

こうして、機能性・機動性という新しい社会的要因ともいえるものが、ガス灯、ガラス、鉄という、いかにも産業の興隆を告げるような物的要素と結合していたところに、パッサージュが十九世紀前半という時代を表現するものたらしめていたのだった。

こうしたことは、このパッサージュにやって来た人びとの心のなかにも伝達されていったようにみえる。

パリのなかの都市

当時のあるジャーナリストは、このパッサージュの一八三六年の状況を具体的に描くにあたって、パッサージュの建物の上階のアパルトマンに住んでみれば、このガラス天井のギャルリーから一歩も外に出なくても生活できるだろう、と指摘しているという。この筆者は、こう書いた後で、パッサージュの内部のさまざまな店を紹介するのだが、まず大通りからの入口のところにある有名なカフェ・ヴェロンをあげて、「朝食の心配が全くない。ヴェロン、あの豪華なヴェロンが、一杯のショコラを、あなたのベッドまで運んでくれるだろう」とする。食事にはレストランのマソンが、一フラン六〇でもって食道楽をさせてくれるし、二二フランで一五枚の食券をも売っている。甘い菓子はマドモアゼル・メテエまたはミヨの店、食料品ではパクアンかグルール・ジュンヌの店、そこでは、ピュレを作るためには、栗、米、トウモロコシ、澱粉からはじまり、タピオカ、さご椰子等の植民地からの輸入品からとったさまざまな粉までもが手にはいる、と書く。そのあと、いくつかの衣料品店、帽子店、二つの床屋の存在を示す。気晴らしには、三軒の本屋が開店したばかりで、以前あった読書室のある貸本屋はなくなったという。しかしフレール楽譜店では楽譜を貸し出している。シュスという店は、表むきは紙類を売るものだが、玩具、細工物、ブロンズ、貴金属から、こまごました文房具まである。そしてこの店では、デュマがドラ

クロワの絵を六〇〇フランで掘り出し、それを一万五〇〇〇フランで売ったという、噂話ともとれることをつけ加える。(6)

要するに、こうしたパッサージュの中の商店についての記述は、その中の建物に住めばそこを出なくても生活できるという最初の表現に支えられているもので、そこに一つの小規模な世界があるという、この筆者がパッサージュから受けとったイメージを語っているのである。それは産業の興隆にもとづく豊かな消費生活の図柄であるが、同時に、アパルトマンに住んで機能性と機動性をもった生活を夢見るものでもある。これは明らかにブルジョワ的生活の図柄であろう。パリに生まれた新しい消費と散策の場は、それが過渡期の都市パリとの関係のなかでとる機能性と機動性、また、パッサージュを作り出している、鉄の梁、ガラス、ガス灯、そして消費のすべてにわたる商品といったモノの構成に内在する機能性・機動性が、ここにみたような、一つの小規模な世界についてのイメージを、人びとに感受させるものだったといえよう。

パッサージュはオペラ座とブルヴァールをつなぐ

こうしてパッサージュの繁栄は、パリのなかでも、まずブルヴァールにおいて初めて実現したものであり、それがまたブルヴァールを新時代の盛り場へと変えていった。実際に、パノラマに続いて出現したパッサージュも、ブルヴァール・デ・ジタリアンの北側に出入

LE BOULEVARD EN 1836

D'APRÈS L'ATLAS PITTORESQUE DE PERROT ET MONIN (PARIS 1836)

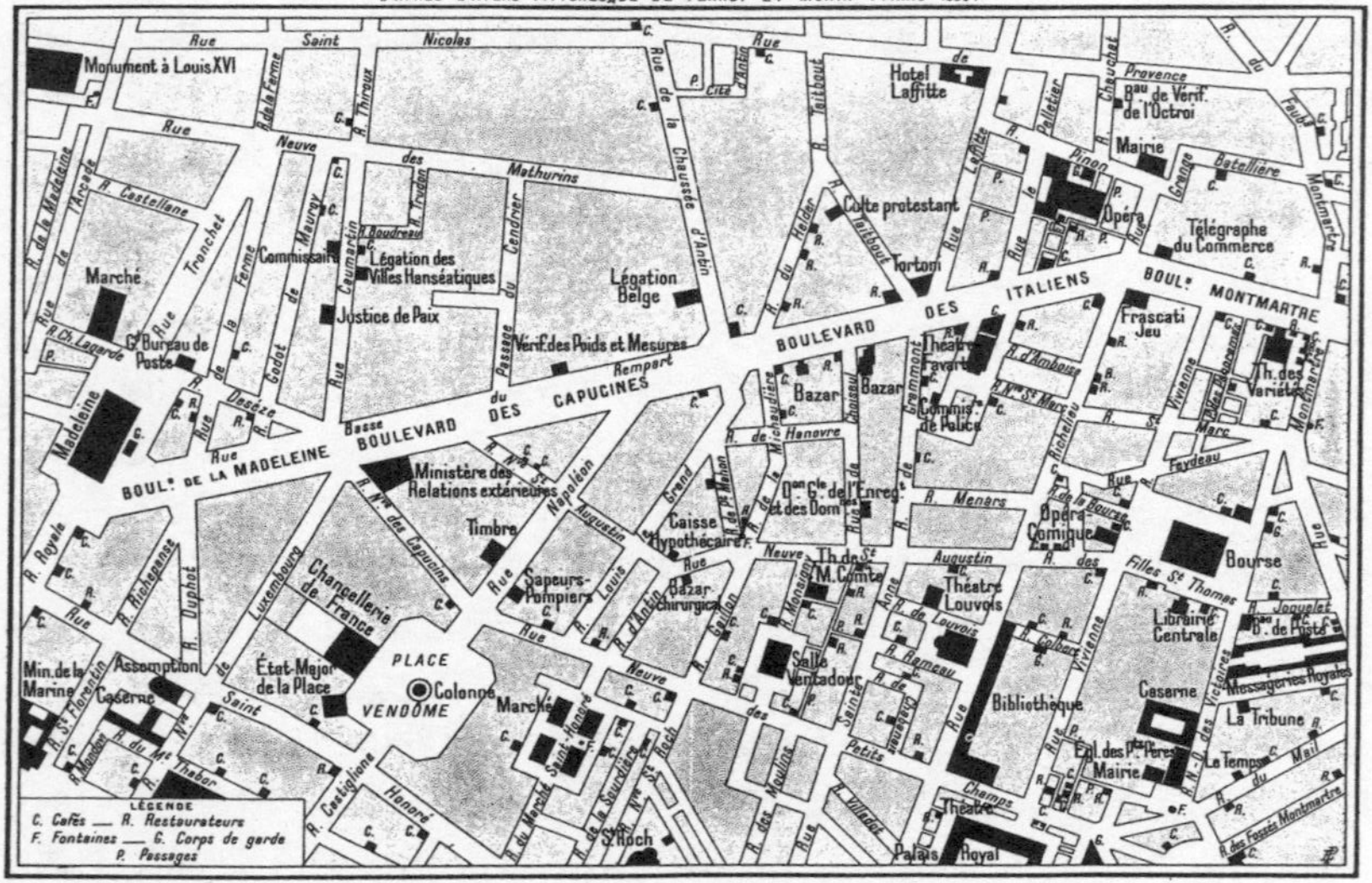

1836年のブルヴァールの盛り場

口を持ち、バロメートル、オルロージュと名づけられる二つの遊歩道をもつパッサージュであった。これはパノラマと筋向いにあたるところに位置していた。

この二つのパッサージュが生まれたのは一八二二年であるが、それは一八二一年の八月に、この地点にオペラ座を移転させるための新たな劇場が建設されたことにともなうものだった。このオペラ座の移転に関しては、一つの政治的事件が関係しているが、これは後で触れることにしよう。

新しいオペラ座は、大通りを北にはいるル・ペルティエ通りに面していて、モレル・ド・ヴァニテ伯の館のあった地所に建てられたものであった。権威と伝統に包まれたオペラ座が、このような新開地にやってくるということは、いささか地の利を得ていないようにみえる。当時もそのようにみていたむきが多かったようである。この劇場は、新興の盛り場になりつつあるブルヴァール・デ・ジタリアンから少し身をそらすようなかたちで、ブルヴァールに直接に面していないのである。これは、伝統の方に身を寄せて、大衆化しつつある文化から距離を保とうとする心的な態度を表現しているようにもみえる。

これに関連して、劇場「ファヴァル」にまつわる面白い話が残っている。すでに述べたように、この劇場が生まれたのは一七八三年だったが、そこでオペラ・ブッファを演じた役者たちですら、この劇場が大通りに面していることには反対だった。それは、自分たちのコメディなどが、ニコレやオーディノの名前と結びつく、大通りの芝居小屋でやっている、いわゆるブルヴァール演劇と混同されることを嫌ったからだというのである。こうして、「ファヴァル」は、ブルヴァール・デ・ジタリアンには背を向けて建てられたのであり、大通りに面した部分には、グラン・バルコンというカフェがつくられた。このカフェはブルヴァールの名物となるのではあるが。

いわゆるブルヴァール演劇は、後に述べるように、グラン・ブルヴァールの東端の、「犯罪大通り」といわれたブルヴァール・デュ・タンプルに、十九世紀初頭から多くの芝居小屋をつらねていて、大道芸人から発展して下層の庶民にも親しまれたものである。そしてこの「犯罪大通り」は、ブルヴァール・デ・ジタリアンよりも早くから、庶民的な性格の強い盛り場になっていた。したがって、ブルヴァールに劇場を建て、そこで上演することには、「犯罪大通り」のイメージがついてまわるのではないか、という心性が働いていたようにみえる。実際には、ブルヴァール・デ・ジタリアンにはそうした芝居小屋はなく、「犯罪大通り」とは全く異なる、ブルジョワ的な世界を表現する盛り場として、新しく生まれてきたものであった。にもかかわらず、王立音楽アカデミーたるオペラ座にとっては、大通りの盛り場は、ちょっとその身を引き離したいものだったようなのだ。

しかしこのオペラ座も、それが開演した翌年の一八二二年から二四年にかけて、さきに述べた二つのパッサージュによって、大通りとつながることになった。このパッサージュは、オペラ座と接するところで、その建物にそって左に折れてル・ペルティエ街に出る通路、さらにもう少し進んで劇場の裏で右に折れてグランジュ・バトゥリエール街に出る通路、さらに直進して当時のピノン街、後のロッシーニ街に出る通路、というように枝分れしていて、あたかもオペラ座を取り囲むような具合に作られたのだった。オペラ座の大勢の座員たちは、グランジュ・バトゥリエール街からこの通路に入ってすぐのところにある楽屋口から出入りしていた。

しかし、大通りと垂直につながっているオルロージュ、バロメートルの二つの遊歩道が、パノラマ以上のすぐれた構造をもち、にぎわいをみせた。その中には、音楽書の読書室をも経営しピアノの販売や貸出しもやる楽譜屋、カフェ、レストラン、洋服仕立店、靴屋、歯科医院、ランジェリー店、モード店、室内を飾る版画や石版画を貸し出す店、香水店、菓子店などなどが並んでいた。このなかで一八二五年頃に、ヨーロッパ諸国をのぞき眼鏡で眺める「ヨーロッパラマ」という見世物が置かれていたが、それは一八二九年に人形劇場、一八三四年の末には児童劇場と変わっていく。この劇場のところから約一二〇フィート離れた楽譜店までの地下には、一八二三年からは舞踏場が存在した。それはイダリーという名のもので、一八三六年当時では、四つか五つばかりのケンケ灯が油煙をあげて内部を照らしていたという。(7)

機能的な新しいオペラ座

このパッサージュの開放的な性格は、パノラマの場合と同様のものなのだが、そうするとオペラ座の存在は、こうしたブルヴァールの新しいにぎわいのなかに取り込まれていくかのようにみえてくる。

オペラ座の確立は、一六八二年にルイ十四世が王立音楽アカデミーとしてオペラ座を組織したことによっている。このとき座員に対する給与はすべて国家によってまかなわれた。フランス革命で座員が四散するということはあったが、一七九四年には、リシュリュー街の国立図書館に面したところに劇場を移す。一七八一年の大火でパレ・ロワイヤルの劇場が消失し、一時、ブルヴァール・サン-マルタンに劇場を建てていたのが、ようやくパリ中心部に帰ってきたのである。ところが王政復古後の一八二〇年二月に、国王ルイ十八世の甥のベリー公が、夜の十一時にリシュリュー街のオペラ座から出て来たところを短剣の一撃にあい、暗殺されるという事件が起こる。これで劇場は閉鎖され、一八二一年に移転がおこなわれたということなのだ。

このブルヴァールへの移転も臨時のものということであった。建物は不評を買う。正面のファサードの貧弱なこと、それは悪趣味な厚紙表紙のようだとか、きれいな居酒屋かシャトレ広場のレストランとしてふさわしい、などと言われた。しかし、音響効果、座席の配置、暖房装置、換気、安全性といった点での良好さを誰もが指摘したのである。(8)

リシュリュー街にあったオペラ座の劇場は、すでに老朽化していたという。それにしても、この劇場の閉鎖と、ブルヴァールへの新劇場の建設と移転が、ベリー公の暗殺という衝撃によって促進され、あわただしくおこなわれたということはいえよう。一年間足らずで新劇場は完成したのである。費用は予定の倍もかかったとはいえ、このような状況のなかで、オペラ座の権威と伝統を表現するようなモニュマンをうち立てるというわけにはいかなかったといえるだろう。そこで、シャトレ広場のレストランにむいているような建物と評されることになるのだが、同時にすでに述べたように、音響効果、座席の配置などの劇場としての快適さで、評判をとったことが重要である。つまりここでもまた、劇場という機能に焦点を合わせた目的合理性が正面にすえられたわけである。オペラの上演と観劇のための、すぐれた機能性の追求、それを支える技術、これはパッサージュを構成する機能性の論理と通じるものではないか。

当時のオペラ座が直面した状況にはかなり複雑なものがあったように思われる。新しい劇場は、ブルヴァールから狭いル・ペルティエ街を少し入ったところに位置して、新しい盛り場の動向から少し身を遠ざけて、伝統を守ろうとするようでありながら、その構造はパッサージュの論理に近づいている。それは、貴族階級出身の名士層たちの文化が、ブルジョワ社会の論理のなかに流れ込み、受容され融合されていく姿を表していたのではないか。パッサージュによってオペラ座がブルヴァールと接合されるということは、こうした

ル・ペルティエ街のオペラ座　M. Gaillard, *op. cit.* より.

ことを象徴するものだったのだ。

さきに詳細にみたような、旧大貴族の館や庭園が、劇場やパノラマやパッサージュに変貌していくことによって、ブルヴァールが盛り場に転換していくという過程も、このような象徴性に対応していることを、改めて感じさせるものである。

オペラ座は一八二二年には今までになく多くの観客を集めた。しかしその後、客足は停滞する。伝統的なアントルシャや舞台装置では観客をつなぎとめることができず、新しい音楽を必要としていた。一八二四年にイタリア人劇場、つまり「ファヴァル」の監督としてイタリアからフランスに来たロッシーニが、やがてオペラ座の音楽監督に任命され、一八二九年に『ウィリアム・テル』で成功する。これはオペラ座の変革の一つとして位置づけられるけれども、当のロッシーニ自身は、七月革命でその地位を失うことになった。

パレ・ロワイヤルの衰退

パノラマ館やオペラ座に端を発してブルヴァールに現れたパッサージュは、グラン・ブルヴァール内側の市街地の各所に、急激に増え続けていく。一八二三年にはヴィヴィエンヌ、ポン-ヌフ、一八二五年にグラン-セルフ、ドーフィヌ、一八二六年にショワズール、ヴェロ-ドダ、コルベール、デュ・ポンソー、一八二八年にデュ・ブラディ、一八二九年にサン-タンヌ、とその主要なものを教えあげていける。そして一八三〇年の七月革命以降は、パッサージュの最盛期となる。パノラマ館は一八二二年頃から営業が衰え、一八三一年に閉鎖されて取り壊されたのだったが、そのパッサージュの方は拡大して、もとの通路の両側に五つのパッサージュが枝分れして、新たに生まれることになった。一八三四年にできたそれらは、ブールス、フェイドー、モンマルトル、サン-マルリ、ヴァリエテと名づけられるもので、それぞれ大通りからはいった周辺の街路に通じている。最後のものは、あのヴァリエテ座の裏側に通じていた。

重要なことは、このパッサージュの発展がそれまでのパリの盛り場の地図をぬり変えてしまったことだ。それは、チュイルリー宮殿に面したパレ・ロワイヤルから、ブルヴァール・デ・ジタリアンへの盛り場の移動として現れたものである。

パレ・ロワイヤルの歴史についてここで語る余裕はないが、もともとこれはオルレアン家の所有する宮殿と庭園であった。しかし一七八一年から八三年にかけて、庭園を囲む今日みられるような建物を、オルレアン公フィリップが建設し、中庭を囲む回廊をもうけて、そこに商人のための店舗をつくり、この建物を売却したのだった。南側は臨時の木造のギャルリーであったが、これがギャルリー・ド・ボアとして有名になり、パレ・ロワイヤルは中心的な盛り場となった。「パリはフランスの首都、パレ・ロワイヤルはパリの首都」と旅行者はみるようになる。

このような盛況を、フランソワーズ・パランは次のように描写している。

「いまはもう姿を消してしまったパヴィヨン・ド・ラ・ロトンドでは、そこここにある回廊にそって、高級品店が集まっていた。宝石店、理容店、評判の高い仕立屋や製靴商、それから両替商が数軒……。こうした華やかな商店に混じって、豪華なカフェがならび、なかでも筆頭はロトンドのカフェで、この店だけが庭園で飲物をサーヴィスする権利を有していた。有閑人や外国人たちがいつもおちあう場所になっており、夜ともなれば、あまたの浮かれ女たちがひしめきあう。昼間は、入口に面したふたつの『キヨスク』のひとつに設けられた読書クラブが一部五サンチームで新聞を貸し出し、木陰で読めるようになっていた。ほかのところでも、パレ・ロワイヤルのこの贅沢な一画にいかにもふさわしい優雅な文学サークルが三軒ほど、階上にあって、ロトンドの上から庭園をみおろしている。二万から二万五〇〇〇冊にのぼる豊富な蔵書をそなえ、フランス語および外国語の新聞を八〇から一五〇部ほどとりそろえていて、実業家の大ブルジョワジーや金持の外国人たちの静かな憩いの場になっていた。

ギャルリー・ド・ボワにはいってゆくと、ずいぶん対照的である。宮殿の第二中庭と庭園とのあいだ、現在のオルレアン回廊のある位置に建った、一種の板囲いの仮普請で、なかには三列の商店がならび、いろんな店が所せましと軒をならべている。書店あり、しゃれた小間物店あり、シャツ屋、仕立屋、流行品を売る服飾雑貨店、靴なおし、そしてもちろん読書クラブも。(9)」

この情景は、高級品店や商店が密集していて、さしものパレ・ロワイヤルも限界に達しているようにみえる。ここには描かれていないが浴場やいくつかの賭博場もあり、地下にもカフェがあって、そこは「すりと娼婦のおそるべき巣窟」などと、当時書かれていた。娼婦はその回廊の建物の最上階の方に住んでいて、夕暮と共にこうしたカフェか回廊に現れる。ここの娼婦の存在は、王政復古期以前からすでに有名であった。

これはもう「パリのなかの首都」が過密状態となって崩壊しつつあることを示している。実際に、一八二五年からは商人はこの場所に貸店舗を見つけることができない状態だった。名士たちやブルジョワの上流階層の散策の場としても、必ずしも適当なものではなくなっている。しかし、次第に進んでいる産業化のなかで、消費の流れは高まりつつあり、まずもってパッサージュがこの流れを受けとめていた。商店はこうして、パレ・ロワイヤルからブルヴァールへと北に直進しているヴィヴィエンヌ街やリシュリュー街へと店を出し、この街路がパレ・ロワイヤルに密集する商店をあたかも吸い上げるようにして、パッサージュの隆盛をもたらし、ついにはブルヴァールに盛り場が移っていく。一八二九年にパリ警視総監は、パレ・ロワイヤルのいくつものアーケードの美観をそこねる看板をとり除かせ、また娼婦への規制を強める。七月革命で国王となるルイ・フィリップ（在位一八三〇―四八）は、革命前、家族と共にパレ・ロワイヤルに住んでいたが、四〇に余る賭博場と、建物に住む娼婦を追い出し、ギャルリー・ド・ボワも取り壊した。パレ・ロワイヤルのにぎわいは、もうもどることはなかった。

3　新しい盛り場の舞台装置

バザールから百貨店へ

パッサージュは、すでに指摘したように、十九世紀の前半に繁栄した過渡的なものであったが、しかしそれは百貨店への第一歩をふみ出すものである。一八三六年の地図でみると、ブルヴァール・デ・ジタリアンには二つのバザールがあるのがわかる。これは、パッサージュを拡大した大商店とでもいえるもので、その内部にさまざまな売場を用意して小商人に貸すものである。こうなると多少は百貨店の方に近づいていく。さらに例えば、一八二六年のパノラマのパッサージュには、衣料品の大商店「レクリプス」が存在している。これは、この当時続々と生まれたマガザン・ド・ヌーヴォーテといわれるもので、店内に多くの売子を配置し、衣料品や生地を分類して、いくつものカウンターをもうけて商売をした。こうしたことも、百貨店の出現へと一歩近づくものだった。当時は、絹から麻までのすべての種類の布地やあらゆる衣類を一つの店に集めて定価をつけて売るという商法はなく、小売店は、さまざまな衣類のあるものについてだけの専門店であった。マガザン・ド・ヌーヴォーテは、こうした伝統的商法を破るもので、大量販売をめざしているのである。

そしてアリスティド・ブーシコーの成功は、きわめて象徴的である。彼は第二帝政末の一八六九年、フランスで初めての百貨店ボン・マルシェを創業した人物である。一八一〇年生れの彼は、故郷のノルマンディから十八歳で、呼売り人の手助けをしながらパリに出てきた。一八三五年、彼はプチ・サン-トマというマガザン・ド・ヌーヴォーテの店員となり、ここで低価格、大量販売の方法を身につけた。この店では、一八四四年にはすでにメール・オーダーの方法を採用している。彼はここで部長となる。こうして一八五二年、ポール・ヴィドーと共にセーヌ左岸のボン・マルシェという小さな店の共同所有者となる。

この店の店員は一二人だった(10)。彼が一八六九年にボン・マルシェを大百貨店に成長させたとき、この店舗は、鉄とガラスを大量に使用し、商品よりも商品のイメージを売る魅惑の大殿堂となった。この百貨店の基本性格は、現在の百貨店のそれと全く変わらないものである。内部にはレストランもあり、絵画展が開かれ、音楽会も開催された。と同時に、入口に近い通路には特売場ももうけられたのである。

考えてみると、このような状況というものは、すでにパッサージュのなかに、ボン・マルシェに比べればささやかではあり、個人商店の集まりという形であったが、実現されていたものである。オペラ座のパッサージュをとってみれば、そこには高級商品を並べる店と並んで、劇場もあればピアノ教室のようなものもあり、カフェ、レストランの他にも、地下にはダンス・ホールがあるという具合だったことは、すでにみたとおりである。このような類似性のなかに、ブーシコーの成功というものを置いてみるならば、パッサージュがかもし出していた雰囲気と、そこを散策する人びとの気分や心的な在り方というものは、おのずから明らかになる、といえよう。それは、社会的上昇をとげつつあるブルジョワジーが、改めてその活力を自己確認することのできる、晴れがましい場なのである。ブルヴァール・デ・ジタリアンを中心に生み出された新しい盛り場の中心的なトーンは、このようにして、パッサージュがかもし出している人びとの心的態度であると読み解くことができる。そして劇場はといえば、王権の保護と貴族たちのサロンに支えられた上流階級の文化を、この中心的なトーンの中に流入させていく導管の役割を果たしており、この主要なトーンに文化の新しい形式を与える。ブルヴァールやパッサージュに発生したカフェは、貴族のサロンからの文化の離脱とこの変容を表現しているのだった。

写真館の開業

最初の写真術を完成させたジャック・ダゲールは、パノラマ館の絵を描いていた画家であったが、パノラマより手のこんだディオラマを発明し、一八二二年にこれを興行に移して成功したのだった。このディオラマは、観客をぐるぐる動く回転台の上の座席につかせ、薄暗い中で、重ね合わされた透明の幕の上に、光の動きによって活性化させた一連の絵を次々にうつし出し、観客にみせるという、趣向をこらしたものだった。このような仕掛けだと、雪だの霧などが背景から浮き出してくる感じで、人びとを幻想にいざなうのだった。ブルヴァール・モンマルトルのパノラマ館がこのようななかで興行不振に陥っているのが興味深い。しかしさらに面白いことは、オペラ座がこの仕掛けを取り入れて、一八二五年上演のバレー『眠れる森の美女』で効果を上げたことであろう。(11) これはオペラ座の上演が、新しく出現してきた光の技巧にイメージをかき立てられた、ブルヴァールの新しい観衆を無視しえなくなっている表れであり、その劇場がパッサージュによって囲まれるという状況と軌を一にする動きである。

ダゲールはニエップスに協力して写真術の完成に努め、ニエップスの死後にそれを完成する。彼の発明がフランス科学アカデミーで公表されたのは一八三九年八月であったが、この時にはもうヨーロッパやアメリカにこの発明のことは伝わっていたという。そしてパリに一八四〇年代の初頭、写真館が早くも開業したのである。この時、果していくつの写真館が生まれたかはわからないが、少なくとも一八四二年以前に、したがって四〇年か四一年に、ブルヴァール・モンマルトルとリシュリュー街の角にそれが開業したことは明らかである。この角はフラカスティと呼ばれる建物が建っていたところで、王政復古期から七月王政期にかけて、そこは上流階級に属する人のやってくる賭博場であった。しかし一八三六年十二月の賭博禁止令で閉鎖された。それからしばらくして写真館が開かれた。旧い建物は取り壊されて、新築の建物の三階に映写室が置かれたようである。

この写真館の出現を伝えているものに、一八四二年に出版された『大都市——新パリ生活点描』という本がある。当時の文筆家ポール・ド・コックの編集した二巻本（第二巻は一八四三年刊）であるが、第一巻はコックによって、第二巻はH・ド・バルザック、アレクサンドル・デュマほか九人によって書かれ、挿絵もあり、ドーミエもこれに参加しているものだ。(12)

コックは前書きで、フランス革命の直前に出版されたメルシエの『パリ生活点描』という一二巻本をとくに意識して次のようにいう。十九世紀の四〇年代ではパリの生活の様相はメルシエの時代とは大きく変化しており、改めてパリの新しく変わった点を描いてみる必要がある、と。しかし内容はメルシエのものよりずっと通俗的になっていて、いわゆるパノラマ風といわれるものの一つである。

しかし彼は、新しい十九世紀パリの風俗には細かく好奇の目を走らせている。例えば、庶民が足をむける居酒屋は、十九世紀になって急激に増大したものだとして、くわしくその様態を追っている。生まれたばかりの鉄道駅の情景、ガス灯がパリの路上に次第に増えてきて、旧来のランプの街灯の清掃をやるランプみがきが姿を消しそうだという指摘、乞食への規制が厳しくなってきたこと、マガザン・ド・ヌーヴォーテの店員と客の様態、盛んになった風呂の出前の有様、という具合である。こうしたことのなかに「ダゲレオタイプ」と題する文章も存在しているのだ。

肖像写真の流行

まずこの文章は、次のように書き始められていることが注目される。「ダゲレオタイプがその誕生をみたのは、このパリにおいてである。写真術が最初に試みられたのはこの都市においてであって、現在その成功はヨーロッパ各地に根付くにいたっているとはいえ、そのためにダゲールのすばらしい発明が、その後パリで成長しなくなったわけではない。それどころか、パリのブルジョワジーの権利を獲得したかにみえる。」

この最後の指摘は、写真がブルジョワジーの間で市民権を得たということであろう。とすれば、この新興のブルヴァールでこうしたことが起こりえた根拠を探ることは、そこに生れてきた人びとの心的な態度を明らかにするうえで重要である。そこで、この点を明らかにしうるような情報を、ポール・コックの文章からとり出してみよう。

人びとはこの写真館に肖像写真をとってもらいに来るのである。スタジオは三階にあり、そこは商品を置いていない商店のような感じの部屋で、窓の手前に布を張った小部屋のようなものがしつらえてある。写真をとってもらう人は、その中にはいって窓に面して坐りポーズをとる。うしろには首ささえがある。手前にある窓から太陽の光がその人を照らし、レンズは準備を終える。「ここの点をみて下さい、さあ始めます。動かないで下さい。」客は日の光に向かって目をあけているので、目が痛くなる。

露出時間は五〇秒だと指摘されている。それに、仕上げに多少の時間がかかるのはともかくとして、いくつものプロセスをたどっての仕上げは、どこかで失敗することも多く、一度で上手に仕上がるのは稀だともいえる、と書かれている。

ここには、ダゲレオタイプが未だ技術的に不安定で、長く静止している肖像写真をとるのがせいぜいのところだったことが示されている。

ところがこの写真館の入口の看板には、「ミニアチュールのような大きさの肖像写真を一〇フランで……」と書かれていたという。ミニアチュールとは、豆絵といわれる小さな肖像画で、貴族や上層ブルジョワが、自分たちがパトロンとなっている画家に描かせる肖像画を模倣して、中小のブルジョワたちがほしがっていたものだった。それが今、ダゲレオタイプで一〇フランで簡単にできるというのである。

一八三六年当時、オペラ座は月水金の週三日間、七時に開演して、入場料は席により、九フラン、七フラン、六フラン、五フラン、三フラン六〇であったという。近くのヴァリエテ座が一八四四年に最上席で六フランである。当時の職人、労働者の平均賃金は約三フランであり、一〇フランは庶民には近づけないものだが、ブルジョワジーにとっては、気軽に好奇心の対象にしうるというものではないが、非常に高いというものでもない。

それで、技術的に不安定なところがあっても、この写真館への客足は絶えなかったとみえて、コックは、順番を待って行列ができることすらある、と書く。待っている客たちは、あちこちと歩き回ったり、坐って互いに話したり、とってもらう写真板の大きさを選んだりしていたという。

以上のところまでは、その料金や露出時間の指摘からみて、おそらく正確なデータであろう。

貴族や上層ブルジョワは、お抱えの画家に肖像画を書かせた。画家の側からではなく、依頼者側からすれば、その最大の動機は、自己の権威とステータスを確認し、また誇示する行為であり、肖像画の意味はそこにある。それが不可能であればミニアチュールがあり、これが流行しだしたというのだ。しかし今、消費と生産の新しい興隆を表現する機能的なパッサージュを中心にこのブルヴァールを散策して、自己の新しい社会的位置を確認し、晴れがましい気分になっているブルジョワジーにとって、ミニアチュールと同じ肖像写真を、といわれれば、社会的上昇をとげつつあるというその晴れがましい自己確認をすぐさま形として表現しうるものは、これだということになったのである。

ダゲレオタイプの発明は、写真術に対する人びとの好奇心をふくらませた。しかしそれを一時的な好奇心にとどめず、社会的な存在たらしめた最初の、そして十九世紀全体を通じて支配した要因は、肖像写真への人びとの欲求であった。それが何よりもまず、右に述べたような形で、ブルヴァールの一角に定着したのであった。このような写真につきまとう特権的な社会性というものは、肖像写真の時代をすぎても、形をかえて写真につきまとっている。

カフェに生まれる人と人との結合

さて最後に、カフェが問題となる。このブルヴァールに生み出された盛り場が、以上のように、新しい社会的地位を獲得しつつあるブルジョワジーの自己確認の場として存在しているとすれば、この自己確認は、肖像写真の流行に現れるように、ブルジョワ各個人にとっての問題であると同時に、すでに集合性を強くもったものとして表出されている。この盛り場が、それ自体でこうした集合的な心性を表現しているといってよいのだが、この集合性は、より具体的には、カフェに生み出される人びとの間の結合関係のなかに、より明瞭な形をとって現れてくる。

一八三六年の地図をみれば、ブルヴァール・デ・ジタリアンを中心に、非常に多くのカフェやレストランがこの新しい盛り場に集中していることが、はっきりわかる。そのほとんどはカフェであると同時にレストランでもある。その一つ一つをとりあげるのはやめるが、有名なものとしては例えば、テートブー街の西側の角にはカフェ・ド・パリ、東側の角にはカフェ・トルトニ、劇場「ファヴァル」の背面のすでにのべたグラン・バルコン、その西側にカフェ・アングレがある。このブルヴァールの西端のミショーディエール街との角にカフェの印が地図にあるが、これは、その建物と装飾が中国風ということから、「中国風浴場」と呼ばれるもので、浴場内にカフェ・レストランがあり、非常に繁盛していたのである。

こうしたカフェには必ずといっていいほど常連がいた。そしてカフェの経営は、当時のこの商売用語でいう「パッサージェ」、つまり「ふりの客」よりも、この常連を重視せねばならず、二階などに彼らのための部屋を用意する場合もあった。七月王政下のブルヴァール・デ・ジタリアンの状況を詳細に叙述したJ・ブーランジェの本のなかにも、こうした常連の「カフェの生活」が指摘されている。この場合、文人たちの集団を想定している。

彼らは朝の十一時にカフェにやって来て、たっぷりと食事をとり、食後の酒とコーヒーを、時に混ぜ合わせ、時に別々にたしなむ。こうして常連の間での談笑があり、『モニトゥール』のような官報をも含む、いくつもの新聞が読まれる。当時、新聞は高価だったため、人びとは給仕に、次はあの新聞をこちらに回してくれといって予約するほどであった。そしてドミノも楽しむ。その後、ある者はグラン・ブルヴァールを散歩したり、株式取引所や、パレ・ロワイヤルにある貸本屋の経営する読書室におもむいたり、原稿を書いたりする。そして夕刻、劇場の開演時間の前に、常連たちはカフェに再び集合。そこで夕食をとるのが普通のことだが、もっとよい食事となれば、よいレストランに行く場合もある。そして夜の十一時半に、常連たちは再びカフェに集合する。そこで、公的な、また私的なことについての噂話や、スキャンダルなどの、各人が集めた情報が、イギリス風のポンチやシャンペンを飲みながら交換される。(13) ブルヴァールでのこうしたカフェの常連のことを、ブルヴァルディエと称することもある。

以上のような指摘は、カフェの常連がそこに示されているような多様な契機を通じてすでに強固な人的結合にもとづく集合性を帯び、集団としての特定の感性と行動様式とをもつに至っていることを明らかにしているものである。そしてこのような集合性をもったカフェの常連というものは、事実上、七月王政期にブルジョワの間に出現してきた各種のサークルと、それほど大きな相違はないものになっている。この点は、M・アギュロンのサークルについての研究がくり返し確認しているところであって、ただサークルは会員制となり、会費の納入や世話役や多少の会則をも持つ、フォーマルな組織となっているのであるが、しばしばその活動の場はカフェに置かれていた。

貴族的なサロンからブルジョワ的なサークルへ

ここで、アギュロンの研究がサークルをどのように特徴づけているかをみておきたい。サークルは、貴族的な社交生活が動揺し後退していく時期に、新しいより平等性をもった社交のあり方として発展してきたもので、この前者の後退と後者の発展との間には相関性があり、またそれは旧フランスとブルジョワのフランスの対抗といったことにかかわって、それを社交と遊びに関する人的結合（ソシアビリテ）の在り方において表現したものだとされる。彼はまた次のような特徴づけもおこなっている。「サークルの在り方は、サロンの在り方に対立している。それは、ブルジョワ的といえる慣習が貴族的といえる慣習と対立し、新しい慣習が伝統的な慣習と対立し、（イギリスから）持ち込まれて評判となった慣習が、フランス的として知られる（旧フランスの）慣習と対立し、平等性を帯びた慣習が、階層的性格を含んだ慣習と対立していることと同じである[14]」と。つまり、サークルは、遊びにおいて、ブルジョワ的生活様式を表現するものと言っても、言いすぎではないだろう。

アギュロンはサロンとサークルの性格の違いを結論づけて、次のように対照させる。サロンにおける伝統、家族を場とする男女の参加、モラル、非政治性。サークルにおける革新、場を家族の外に置く男性のみの参加、怪しげなモラル、政治への傾斜。

この対照されるそれぞれの性格は、その背後に社会生活と生活様式の変化が存在するわけだが、この点をとくに具体的に示していて興味深いのは、サロンと異なりサークルが女性を排除している点であろう。サロンは家族にその場を持つとされるように、しばしば名門の家の名を冠して呼ばれる。この場合、その名門の大貴族なり上層ブルジョワは、サロンを維持するに足る富を所有していなければならなかった。サロンの維持には相当の費用がかかったのである。このような家においては、娘にも息子と同様に高度な教育がほどこされた。社会的に上昇しつつあるブルジョワジーは、その蓄財のためには、まずもって男子の教育に力をそそいだが、その結果、女子との間に知的な不平等が生まれ、それがブルジョワ家族の夫婦の間にも表れる。[15] こうしてサロンでは女性が社交界の花形にもなりうるが、家の外で実業に従い社会的上昇をとげていくブルジョワは、妻を家の中に置き、家の外でひとりサークルに加わったり、カフェの常連の一人となったりしていく、というわけである。当然そこでのモラルの変化は大きくなる。

サークルの発展

それでは、ブルヴァール・デ・ジタリアンにはどのようなサークルが存在したか。王政復古期には政府と警察のサークルに対する警戒は、それが政治化しないかという心配もあってきわめて厳しく、サロンが支配的でもあり、サークル形式はきわめて例外的なことに属した。ところがこの例外的なケースが、劇場「ファヴァル」の西に存在するグラモン街に早くも姿を現していたことは、重要である。

「ル・セルクル・ド・ラ・リュ・ド・グラモン」がそれで、一八一九年に事業家たちが届出をして、設立の許可を得たものといわれる。そこで供される定食の評判がよく、読書室も備えており、料金をとっての賭博も簡単にできるということで、ブルヴァールに出てくる人びとを集め、会員が増大した。この会員たちは一八二一年の末になって、サークルを作った事業家たちからその施設を買いとり、自主的にこれを運営する。このサークルの設立の前、一八一七年には、リシュリュー街に大商人と銀行家によって「セルクル・デュ・コメルス・ド・パリ」が作られる。しかしこれは、その所在地を隣接のサン－マルク街に移したということで、一八二三年に警視庁の許可取消しにあい、二六年に解散した。一八二四年には、これまたグラモン街に「セルクル・フランセ」ができるが、賭博が許可されないため、「グラモン」の方では賭博がやられているではないかといって許可を得ようとすると、警察はこの二つのサークルを同時に禁止してしまった。

さらに、ブルヴァールとグラモン街の東の角には一八二八年に、これは七月王政期にわ

カフェのサークル（1815） *Histoire de la France urbaine*, tome 3, Seuil, 1981より.

たり発展した「セルクル・ド・リュニオン」が出現する。このサークルで中心になったのは旧貴族たちである。しかし、この設立の中心人物だったギシュ公は、大革命中に亡命貴族としてイギリスにあり、イギリスのクラブのよさを知り、イギリスの牧場経営と家畜の品種改良をフランスにも広めようと考えた、イギリス風に傾倒するアングロマニーだった。このサークルは、ブルヴァールにおいて流行しだしたイギリス式の生活様式の流行に乗ったものであろう。

七月王政期になるとサークルが急速に発展したといわれている。したがって王政復古期からこのようにサークルが生み出されていたブルヴァール・デ・ジタリアンには、七月革命以後きわめて多くのサークルが存在するようになったとみて間違いないであろう。さきにみたように、それぞれのカフェには常連が存在し、その様態はほとんどサークルと同じような性格になっていたことからしても、これはごく自然なことである。ただ、現在までその名称が伝えられ、その所在がたしかめられるものは、さきほどの「セルクル・ド・リユニオン」や、「ジョッキー・クラブ」「セルクル・デ・ゼトランジェ」「セルクル・ド・ブルヴァール・モンマルトル」といった有名なものである。

この他のサークルの実体を個々に明らかにすることはむずかしいが、しかし例えば、有名だったカフェ・ド・パリには、一八四二年に「プチ・セルクル」というのが生まれている。このサークルは規約をもっていて、それには、寝に帰るのは毎日午前二時でなければならぬと書かれ、トランプ・カードに細工をこらしたり、政治の話をしてはならぬとも規定されていた。会員は一〇〇名限度で、会費は年一〇〇フラン、カフェ・ド・パリの一部屋を一年契約で借りていたという。(16) ちなみに、一階がこのカフェになっている建物の所有者はハートフォード侯爵夫人で、息子とともにそこに住んでいた。この息子がヘンリー・シーモア卿で、彼は「ジョッキー・クラブ」を一八三三年に結成したのである。折からのイギリス風とスポーツの上・中流層への流行に力をえて、イギリスの同名のクラブにならって、馬による競技を中心としたこのサークルを、彼の住居から程遠からぬブルヴァールにつくったのだった。彼の名はパリのカーニヴァルにおいて民衆の間に大変有名になるのだが、それは後に述べる。

ブルジョワの盛り場の肖像写真

われわれは以上において、劇場、パッサージュ、バザール、写真館、カフェ、サークルなど、ブルヴァールの新しい場を構成するに至った舞台装置について、いささか詳細な記述をおこなった。それはひとえに、十九世紀になってこのブルヴァールに急激に生み出されてきた盛り場が、新しい時代の潮流のなかで、そこに集まる人びとの全く新しい心的な態度に支えられることになっていたことを、具体的に明らかにしてみたかったからである。それはダイナミックな変動に裏うちされている。そして、アギュロンが対照的に示したサロンとサークルとの性格の相違は、この変動全体の性格をも、多くの部面で言いあてているといえよう。この遊びの場は開放的な機能性を帯び、それを支えているのは新しい技術である。こうして社会的に上昇してきたブルジョワ的な流れは、ダゲレオタイプによって自己の肖像写真を獲得しようとする。この盛り場で晴れがましい気分になったブルジョワたちが写真館でとる自己の肖像写真は、つまりはこのブルヴァールの肖像写真であった。

4　民衆の盛り場

もう一つの盛り場――ブルヴァール・デュ・タンプル

十九世紀になって、都市パリは、その底辺の生活基盤のところで質的な変化が進行しつつあった。しかしそれはまだパリのトポグラフィーを大きく変容させるまでには至っていなかった。変化は部分的なものであったのだが、そうしたなかでブルヴァール・デ・ジタリアンの、パリのトポグラフィーの上での変化は、いかにも突出したものであった。そしてこの変化は、グラン・ブルヴァール全体のこの都市においてもつ意味が、根本的に変わったことを告げるものであった。

しかしこれを考えるためには、もう少しグラン・ブルヴァール全体に目を向けてみる必要がある。

新しい盛り場はブルヴァール・モンマルトルの東の端で終わっており、その先の、ポアソニエール、ボン・ヌーヴェルの大通り、そして、サン＝ドニ門の辺りまでは、邸宅や庭園が続いており、商店もまばらな静けさのなかにある。それがサン＝マルタン門の東にくると、また急にブルヴァールの様相が活気を呈する。やがて大給水泉のシャトー・ドーの水の流れがして、大きな広場となり、大通りは南に曲がる。そこがブルヴァール・デュ・タンプルである。この大通りの東側に、いわゆるブルヴァール演劇と総称される劇場が軒を連ねて並んでいる。そして何よりもこの大通りに活気を与えているのは、露天で、あるいは小屋掛けや天幕のもとで、さまざまな演技をみせる大道芸人たちの存在である。それは、力業などの身体芸から手品師や香具師、さまざまな見世物、そして小屋掛けの大道芝

P. Gascar, *Le Bourevard de Crime*, Paris, 1980 より.

居、また劇場前で客寄せのためにおこなわれるパラードと称する道化の寸劇、このような大道芝居で主要なトーンを作っているのは道化師たちであり、アルルカンが人気を博していたことが注目される。

この盛り場にはマレー地区のブルジョワもやってくるし、ブルヴァール・デ・ジタリアンを散策する人びとのなかにも、ブルヴァール演劇を楽しみにやってくる者がいる。しかしここの活気を支えているのは、その日の糧を自分の働きで稼いでいる民衆なのである。そこには、パリ中心地区の貧民宿に住む連中もやってきていて、騒然たる状況を呈することにもなる。サン-ドニ門やサン-マルタン門の地点は、このような盛り場にはいっていく入口ともいえるものだとされていることは、重要だろう。一八二八年にパリで初めての乗合馬車の路線が出現するが、それはマドレーヌ聖堂か

ブルヴァール・デュ・タンプル

らバスチーユ広場までの、グラン・ブルヴァールを往復するものだった。ところがこの乗合馬車は、サン－マルタン門の先のシャトー・ドーで、みすぼらしい別の馬車に乗継ぎすることになっていた。そこからバスチーユ広場まではそう遠くないのに、である。これは象徴的なことで、当時、アルフレッド・ミュセは「ここから先は大インドである」と言ったという(17)。ブルヴァール・デュ・タンプルは、別の世界にむかっての境界領域なのである。

労働者たちの関の酒場クールティユ

これが境界領域であることをはっきりと知るためには、目をこの大通りの周辺に移してみる必要がある。バスチーユ広場に向かって南下するブルヴァールの東側に拡がる地域は、全体としてパリの工業地域の一つとして最もまとまった地帯であり、民衆居住街区となっている。そこの工業はパリ物産、細工物、家具製造、金属、機械などが主要なもので、小仕事場が支配的である。しかし分業はきわめて進展していて、各仕事場は、製造工程の一つの部分を担当しているにすぎず、機械の導入も始まっている。もちろん、フォブール・サン－タントワーヌ街では、壁紙工場や機械製作の工場がすでに出現している。この民衆居住街区の背後は、すでにパリ市の境をなしている市壁となっており、その市壁には市門があり、入市関税が徴収されているが、その外には関の酒場が拡がっている。そうしたもののうち、最も規模が大きく有名だったのが、ブルヴァール・デュ・タンプルからそう遠くないベルヴィル門の外のクールティユと呼ばれる地帯であった。

ベルヴィル門から外に出ると、そこは、正確には上クールティユと呼ばれた地区であった。次第に急な上り坂になっていく、当時パリ街と呼ばれた通りが、市門から丘の上の方のベルヴィルの静かな村に通じていたが、その途中の両側は、関の酒場や安料理店がびっしりと並んでいた。「ブーフ－ルージュ」「コック－アルディ」「ソヴァージュ」「エペ・ド・ボワ」「キャロット・フィランドルーズ」「パパ・デノワイエ」などの店が知名度の高いものだった。関の酒場にはダンスのできるものが多かったのだが、「パパ・デノワイエ」には、「フォリー・デノワイエ」という舞踏場もおかれていた。また一八三〇年頃には、三〇〇〇人は踊れるというファヴィエ舞踏場があった。ここにやって来るのはパリの労働者たちであって、馬車で乗りつけるというわけにもいかなかった。というのも、金持らしき人物は人びとに敬遠されたし、第一、この上クールティユのベルヴィル通りは、馬車の交通が禁止されていたのである。ベルヴィルの名を冠した劇場もあった。

パリの労働者がここに集まって来るのは、日曜日か、あるいはサン-ランディと呼ばれて仕事を勝手に休んでしまう月曜日であった。この点は、パリのどの市門の外の関の酒場も同様だったが、クールティユには小ブルジョワたちも、「イル・ダムール」といった居酒屋にやって来た。しかし、工業地域の日の光もあまり通らない一室に家族全員が住んでいる労働者にとって、市門の外に出て太陽とよい空気のなかで一日を過ごすということは、それ自身でやむにやまれぬ欲求となるのだが、そこで入市税のかからぬ酒と安い食事がとれ、気晴らしもできるとなれば、彼らは日曜日には、家族ともども集団をなして関の酒場にどっとくり出すということになったのである。このような点で関の酒場は、労働者を中心にした盛り場であったといえる。

ゴゲット――居酒屋に生まれた民衆の集団

しかし、労働者たちが関の酒場に通うという習慣は、ただこのような自然の欲求にもとづいたものとだけすることはできない。彼らはそこで同じ世界に住む多数の人間に出会い、労働の世界に属する者としての自己確認と、相互の間の絆の強化を求めているのである。

というのも、この時代においては、労働者のみでなく、農民層も含む民衆一般にとって、生活をするための基盤になるのは、人と人の直接的な絆を維持することにあったからである。都市の民衆はすでにコルポラシヨン（ギルド）とか農村共同体といった旧い生活基盤から解き放たれており、自己の労働のみにもとづいて個人として生きなければならない都市社会のなかにある。地方の小農民ですら、そういう状況に直面していた。

しかし十九世紀の社会は、民衆にとっては、個人が個人としてのみ生きていくことはできないものだった。社会の制度は、個人をあたかも自立しているかのごとくにすくいとる網の目をこの時代には未だ整えてはいない。技能の修得、就労、失業、病気、遊びなどど、労働と生活の主要な局面において、ブルジョワ社会は依存するに足る制度を整えていない。民衆は人と人の直接的な絆を基本として生きなければならなかったし、それが、彼らの生活様式の基本を支えるものだったのである。これは、個人を個人として成り立たしめるような、新しい共同性なのである。旧い共同体から解き放たれた人びとは、この新しい共同性を、ただ自然にまかせて求めていけばすむものではなく、意識的に追求し、つくり上げなければならない。したがって、この共同性は、しばしば多様な団体の姿をとって現れてくることにもなる。

ゴゲットは、居酒屋に生まれたこのような団体の一つだと考えてよいだろう。それは歌を中心とした集団であって、一八二〇年には、もとナポレオン麾下の兵士や手工業者のなかに、一八三〇年以降は、とくに労働者層のなかに拡がった。

一八二五年九月三十日の官報の記事に、こうしたゴゲットの性格をうかがうことのできるものがあるという。その記事を要約したところをみてみよう。

「こうしたゴゲットで取締りを要する類のものをみてみると、この会合で人々がどのようにしてやっていたかを示す、具体的な実例を知ることになる。それは〝アポロンの弟子たち〟と名付けられたもので、毎週日曜日と月曜日に、クーテルリー通りの居酒屋で会を開いていた。それは、喜びとダンスと歌を友とする男女の若い労働者によって構成されていた。会員証には、政治的シャンソンと良俗に反するシャンソンは禁止される、とあった。壁には〝婦女子に敬意を〟といった種類の、無害な標語がつけられていた。しかしこの会は、警察の許可をうけることを省略してしまっていた。ある日曜日、一人の女性がある歌の一節を唄い、リフレーンを全員でくり返していたとき、このうたげは警官がやってきたことで乱された。警官は、三六人の男性と、少なくともそれと同じくらいの女性が出席している、と言明した。この会合は刑法二九一条以下の違反である、と彼は言明し、居酒屋の主人と部屋の奥に席を占めていたゴゲットの座長と副座長を容疑者とした。刑事裁判所で弁護士は、すべての出席者が会員だったのではないと弁明したが、無駄であった。三人の容疑者はそれぞれ二三フランずつの罰金を科せられた。(18)」

関の酒場にできたゴゲット

右の要約はきわめて明確にゴゲットの性格を示している。会員証、座長、定例になっている会合、規則、いずれにしてもこれは組織だった団体になっている。女性の姿が多数みられることは、ブルジョワジーの間のサークルと異なっている。それはゴゲットがきわめて大衆的なことを示しているのであろう。許可を得ずにこれだけの人数を集めていたということは、ゴゲットがいかに大衆的な拡がりをみせていたかを物語るものではないだろうか。

ゴゲットは労働者の間だけに広まったのではなかった。しかし、クールティユの関の酒場にきわめて多数出現したゴゲットは労働者のものばかりで、パリの民衆の生活において重要な役割を演じたとされている。王政復古期の初めにはボナパルチストの隠れ場所のようだったものが、次第に、王政に反対する者や、社会の重苦しさに不満を持つ者が集まるようになったという。どうもクールティユのゴゲットのなかには、単に歌を通じて共感を生み出し、そこに人と人の絆を生み出していくという基本的なことから出発しながら、禁止されている政治性へと、あるいは社会的な反抗を示すものへと、その性格を高揚させたものが多かったように見える。そのような傾向のシャンソンは数限りなく存在しているといわれる。そうしたゴゲットで何が語り合われていたかを示すものはないようだが、一八三九年三月十九日にベルヴィル劇場で上演された芝居『ゴゲットでの一人の受賞者』のなかでは、二人のゴゲットの参加者の間で、〝進歩〟についての面白いやりとりが交わされているという。このやりとりは、一人が労働者たちに対して、「労働者たちのために実現されるものでは決してない成功」を追い求めることは間違っていると話すのだが、もう一人はこれに対して、「労働者たちにはどんな細い道もふさがれてしまっている」のだから、「たまたま彼らが身を置くことになった閉鎖的な円環」から脱出する権利が労働者にとって必要なのだと主張する、というものであった(19)。

このようなわずかな痕跡からではあるが、われわれは、クールティユの関の酒場に生まれた労働者の集団が、自分たちの属する世界についてどのような自己確認をおこなっていたかを想像してみることができるのである。少なくともこうしたことは、クールティユという関の酒場が、労働者を中心として成り立った盛り場であることを告げている。しかもそれは、ブルヴァール・デ・ジタリアンを中心とする盛り場が、新興のブルジョワの世界を象徴するものであったとすれば、クールティユは、それとは明らかに対抗的なもう一つの世界が、相対的な自立性をもって都市パリのなかに存在していることを象徴しているようなのだ。

すでに述べたように関の酒場は、クールティユ以外のさまざまな市門の外にも存在し、十九世紀半ばまでその勢いは衰えなかった。それは、ダンス場も経営する関の酒場の数が一八四一年―二六一、一八四二年―二五四、一八四三年―二五四、一八四四年―二七一、一八四五年—二七三、と集計されていることによってもわかるだろう。[20] しかしクールティユはそうしたなかでも、同時代の人びとに最も注目されていたものだった。

それはもちろん、すでにみてきたように、他に比してクールティユが群を抜いた規模をもっていたからである。それに、七月王政期にその隆盛の頂点を迎えたパリのカーニヴァルにあって、山車と仮装の行列がこの地域からくり出していくことで、外国の観光客の間でも有名になっていたところだった。この仮装行列の性格については後にみることにするが、クールティユがそのような場となり得たのは、それがブルヴァールに対してとる位置にも関係しているのである。

三つの盛り場

クールティユは、「犯罪大通り」と名づけられたブルヴァール・デュ・タンプルの盛り場をはさむようにして、西のブルヴァール・デ・ジタリアンと対峙するような位置にある。つまり、「犯罪大通り」を中にして、西にブルジョワジーの盛り場、東に民衆の盛り場という配置をとる。「犯罪大通り」の北端からクールティユへ向かって通じているフォブール・デュ・タンプル通りは、北東方向に向かって坂を上り、ベルヴィル門の外のクールティユにいたる。ベルヴィル門までのフォブール・デュ・タンプル通りは七二〇メートル余の長さしかない。つまり、西のクールティユからフォブール・デュ・タンプル通りを経て

「犯罪大通り」にいたり、そこからグラン・ブルヴァールを通って、東のブルヴァール・デ・ジタリアンにいたるという位置関係にあるのだ。

ベルヴィルの村は丘の上にあって、そこに至るまでの市門の外のパリ街と呼ばれているところがクールティユである。したがって「犯罪大通り」からクールティユに向かうとき、パリでは稀な急坂が長く続くのである。一八七一年のパリ・コミューンの折に、オスマンの都市改造の結果ベルヴィルに住むことになったパリの労働者が、パリ中心部に向かってdescendreする、という表現が使われるが、このdescendre＝「降りる」という表現は、この急坂を駆け下りるという意味なのである。それはきわめて攻撃的な行動を表現している。今ここでのクールティユは、こうした極度の攻撃性を内包しているものではないが、それでもクールティユの位置を考える場合、この高度の差ということは、一応、頭にいれておいてよいだろう。

すでにみたように、クールティユには、ブルジョワの世界と異なった自立した労働者の世界を内包しており、それは前者に対して対抗的性格をすらもっていた。しかもこのクールティユが盛り場として目にみえた発展をとげたのは十九世紀にはいってからであり、その点ではブルヴァール・デ・ジタリアンの盛り場への発展と同時的なものだった。これは、パリの都市空間が全体として大きく変容してきたことを示すものである。しかしそれは、この二つの世界、二つの盛り場が両極的に対峙するという形によってよりも、相互に接触し、異質なものとの出会いを可能とするような境界領域をもつことによって、実現されていた。そこで問題となるのは、この異質なものが出会う境界領域の性格である。

大衆的なブルヴァール演劇

二つの盛り場にはさまれた「犯罪大通り」は、十九世紀になって、こうした境界領域となっていったものであった。

この大通りの東側に並んでいる劇場は、一八三四年に出たペロの地図によると、次のようになる。バスチーユ広場の方向にむかって行くと、まずシルク・オランピック座、ついでパッサージュをへだてて、フォリー・ドラマティク座、その隣りのカフェに次いでゲエテ座、その隣りがフュナンブュル座、サキ座である。

この地点に芝居小屋が建てられ始めたのは、十八世紀中葉である。例えばフォリー・ドラマティク座が開かれたのは一八三一年であるが、この劇場の前には、オーディノの創立したアンビギュ・コミック座が、一八二七年に火災で消失するまで存在した。オーディノはイタリア喜劇の役者で、一七五九年にサン-ジェルマンの市場で、ついで六九年にこの地点において、マリオネット人形劇の小屋を建てたのである。人形劇はすぐに子供を役者とする劇に変わる。これは大成功で、オペラ座の圧迫を受けるが、一八二七年の火災でサン-マルタン門の近くに新劇場をもつ。

ゲエテ座の起源も同様に、一七五九年に、それまでサン-ジェルマンやサン-ローランで軽業をみせていたニコレが、このブルヴァールに天幕の見世物小屋を開き、ついで木造の小屋掛けをする許可をえた。そこでアルルカンの道化劇で人気を博し、これもオペラ座、コメディ・フランセーズ座などの圧迫を受け、せりふの表現を禁じられて、パントマイムを上演したりする。一七八九年のニコレの死後、ゲエテ座となり、メロドラマの上演に力をいれた。

この例をとってみて明らかなことは、この大通りの芝居小屋の出現が、かつてサン-ジェルマンやサン-ローランの市場で笑劇や道化芝居をやっていた人びとが、オペラ座と権力の圧迫のもとで大衆演劇の道をきり開いたことであろう。サキ座の場合も、道化師、ついで立回りの喜劇役者が、一七六八年に木造の小屋を建てたのが始まりである。十九世紀には、パントマイム、コメディ、ヴォードヴィル、オペラ、そして綱渡りのダンスを演じていた。一八四一年にここはデラスマン・コミック座となる。

さらに重要なことは、さまざまな大衆劇の演目や、その成長の過程での重要な契機に、道化劇、そしてパントマイムとアルルカンを主役とする劇が目立っていることであろう。一八一六年に始まるフュナンブュル座にしても、その演目はアルルカンの道化劇とパントマイムによって構成され、一八三〇年からはヴォードヴィルも上演されるが、それでも人気の中心は、ドリュオがパントマイムで演ずる道化役であった。

このようにブルヴァール演劇は、オペラ座やコメディ・フランセーズ、またオペラ・コミックなどの、王権の保護を得た劇場の圧迫を受けていたから、フランス革命以後になって、次第にブルヴァール・デュ・タンプルで活性化する。しかし革命期は、際物的な政治劇に走ったり、一八〇七年のナポレオンの劇場制限政策によってその発展をはばまれたりするから、それが隆盛期を迎えたのは、王政復古期と七月王政期であった。

「犯罪大通り」――ブルジョワも労働者もやって来る盛り場

しかし十八世紀の後半には、貴族層の上流階級や、文人・哲学者も、しばしばこのブルヴァールに姿を現していたという。(21) したがってこの盛り場は、ブルヴァール・デ・ジタリアンやクールティユという、十九世紀に入って出現した対照的な東西二つの盛り場より、古い歴史をもっていたわけであり、上流階級と民衆がこの同じ盛り場にやって来ていたというところに特徴がある。

この性格は、十九世紀になって東と西の二つの盛り場が生み出された後にも変わらなかった。この点が重要だろうと思う。ここでは「ブルヴァール演劇」の内容を考えてみることはとてもできないが、この大衆劇にひきつけられる観客の性格を中心にして考えてみよう。

このブルヴァールには、昼間はさまざまな大道芸人や大道芝居がその芸をきそっていたのだが、そうした日曜日のにぎわいにひきつけられてやって来たのは、ブルジョワから労働者までさまざまな階層の人々だったことを、一八三〇年前後の証言にもとづいて強調しているのは、P・ガスカールである。彼はこれを、「このブルヴァール上のこうしたにぎわいをつくり出している群衆は、素朴な風俗の表現なのだ。それはこのパリの住民のなかで、社会階層の性格の複雑化や変容や、産業化の時代が早くも社会の中に導き入れた階層間の分離といったことにもかかわらず、生き残っていたものだ。これは、共同性を求める本能が姿をとって表明されていた最後のものだ」と指摘している。(22)

ブルヴァール演劇の小屋の方は、いずれも七時以降に開演であって、立派な身なりのブルジョワがやって来るし、全般に身だしなみを整えてやって来る者が多い。しかし、一八四三年の『大都市――新パリ生活点描』第二巻のなかでは、ドリュオのパントマイムとアルルカンや道化芝居で有名なフュナンブュル座、それにサキ座の後身のデラスマン・コミック座、ラガリ座は、民衆しかとても入れそうもないものだ、と指摘されている。そして、よた者風の上っぱりや、石工の仕事着、清掃夫のよごれた上衣などをつけ、魚売りの女のようなぼさぼさの髪をするなどの用心をして入場しないと駄目だ、と書かれている。(23) こうした劇場の天井桟敷の入場料は五スーから一〇スーだったようであり、一八三六年のオペラ座の最低の入場料三フラン六〇サンチームからすると、これはきわめて低額で、労働者にも入場ができる額である。ゲエテ座の階段桟敷の最低料金が一八四四年の辞典に二〇ス

天井桟敷の人びと　J. Cherpin, *Daumier et le théâtre*, Edisud, 1978 より.

ーとあるから、[24]ゲエテ座は多少高級ということになる。こうした天井桟敷の人びとは、進行する劇に熱中し、忍び寄る刺客に対して、思わず、「気をつけろ！　奴は壁掛けの後ろだ！」とか、「それを飲むな、毒が入っている！」などと叫んでしまうのである。

　このような民衆的な性格は、劇場の外にかもし出される雰囲気の中にも表現されていた。開演を待つ行列がどの劇場の前にもできるのだが、それをめがけて、菓子パンやクレープ、果物、コーヒーなどの呼売り人が売り声をあげる。その値段がだいたい一スーであった。そして、さまざまな新聞の三面記事を集めて誇大に書きかえて作った「キャナール」と称するあやしげな新聞の呼売りもおこなわれた。その売り声は、記事の内容になっている殺人事件や猟奇的な事件などをセンセーショナルに伝えるものであった。また、血なまぐさい事件を題材にした哀歌の節を印刷したものを、歌いながら売っている。「犯罪大通り」という名称は、劇場で上演される流血事件のメロドラマがかもし出す雰囲気と、おそらくは「キャナール」の売り声やこの哀歌の生み出す大通りの気分について、ジャーナリストが作り出したものであったという。(25)

このように、ブルヴァール・デュ・タンプルは、十八世紀における庶民的な盛り場としての性格を保持しつつも、さらに十九世紀になって人口が増大しつつある労働者層を迎え入れて、新しい盛り場としての様相をも示し、「犯罪大通り」と名づけられることにもなったのだった。ブルヴァール演劇は、道化芝居、アルルカン劇、パントマイムといった旧来からの伝統を多様に発展させると同時に、メロドラマを創出して、こうした新しい大衆の欲求にめまぐるしく対応していた。

異質なものが出会う境界領域

十八世紀までパリの上流階級の間には、機会があればこうした民衆の集まる場に身を置き、庶民的な楽しみに身をゆだねたいという願望が伝統的なものとして存在していたという、また実際にそうしたことがおこなわれていたことは、すでに指摘したとおりである。十九世紀になると、新興のブルジョワも旧来のこうした上流階級の行動様式を受けつぎ、ブルヴァール・デュ・タンプルへとやって来て、民衆のなかでの気晴らしに身をゆだねるという欲求を捨てなかった。クールティユの関の酒場で自らの世界を自己確認している労働者にしても、その世界を外に向かって閉ざされたものとして意識しているわけでは必ずしもなく、パリの都市空間にむかってそれを拡大していく回路を求める欲求を内包している。ブルヴァール・デュ・タンプルは、こうした異なる欲求が流れ込む境界領域になってきていたのである。

社会の諸階層の人びとがブルヴァール・デュ・タンプルで肩を並べている状況を、ガスカールは、「これは、共同性を求める本能が姿をとって表明されていた最後のものだ」と特徴づけていた。しかしここにいう共同性とは、上層階級と民衆の間の共同性という意味であり、旧社会のそれである。こうした共同性は、十九世紀のパリにおいて、日常的なものとしては消滅しつつあったことも確かである。にもかかわらず、共同性を求める本能が姿をとって現れているとすれば、人びとはそこで、都市空間のなかにそれぞれ新たに位置づけられることになった日常生活から大きくはぎとられるという感覚も体験していなければならなかったはずである。それは、ブルヴァール・デ・ジタリアンの盛り場とクールティユという形で都市空間の分割が実現されつつあるなかでの日常生活からの一時的な離脱の体験である。ドリュオによる道化姿のパントマイムが非常な人気を博し、アルルカンの劇が一貫して人びとを引きつけたのは、このような体験を具象化し、またかき立てるものだったからである。アルルカンは日常性を攪乱し、人びとをそこからはぎとってしまうものなのである。

5　都市空間の分極化

三つの盛り場の関係性

関の酒場に象徴されるクールティィユ、ブルヴァール演劇などに象徴される「犯罪大通り」という二つの盛り場について、それぞれの特徴をみてきた後で、もう一度、ブルヴァール・デ・ジタリアンを中心とするブルジョワジーの盛り場をわれわれの視野のなかに入れてみるとき、それをパリの遊びの都市空間から単独のものとして切り取って、その性格を考えるだけでは、もはや不十分であることが明らかになってきた。

ブルヴァール・デ・ジタリアンは、他の二つの盛り場との間に、隠された意味を内包した一定の関係性のなかで存在している。

まず、この西のブルジョワの盛り場は、東のクールティィユと対極的な位置をとり、この両者とも、世紀の転換の頃に新たな都市空間として形成され、それをあたかも二つに分割するような形で出現したものであった。それは、進展する産業化によって生み出されつつあった階級の社会的分化の状況が、いち早く盛り場の両極化という形で都市空間に突出してきたものであることは、明らかである。そしてこの両極化の性格は、カフェと関の酒場、

ブルヴァール・デ・ジタリアン　M. Jules Janin, *Un hiver à Paris*, 1843より.

サークルとゴゲットという対照によって指示される、人的結合関係の異なった在り方のなかに、最も明確に現れていた。

しかし、遊びにおける都市空間のこのような分割は、そのまま都市空間の両極化へと進むものではない。都市空間もそこに住む人びとの心的態度も、それほど単純なものでないことは言うまでもない。ここで西と東への盛り場の両極化のなかにあって、両者に挟まれるような位置にあるブルヴァール・デュ・タンプルの存在が、両者との関係のなかで、にわかに新しい意味を持ちはじめたのである。新興のブルジョワのなかで、この地点を越えてクールティユまで乗り込んでいく者は、少なくなりつつあるのだが、この「犯罪大通り」において異質なものと出会い、日常性をはぎとられる感覚を体験する。この点はすでに指摘したとおりであって、このような一時的な体験は、改めての自己確認にむかって、惰性化した日常に力をよみがえらせ、それを活性化することになるのである。

カーニヴァルにおける「境界」の融解

パリのカーニヴァルは七月王政期にその隆盛の頂点を迎え、十九世紀後半にはいって衰退していくが、このカーニヴァルは、「犯罪大通り」に当時存在していた、右に見られるような潜勢力とでもいえるものが、都市空間に解き放たれるという性格をもっていた。この時には、「犯罪大通り」を中心として、ブルヴァール・デ・ジタリアン、クールティユなどの間の境界が融解し、遊びにおける都市空間の分割が消失したかにみえるのである。

当時、文筆家として知られていたジュール・ジャナンが、一八四三年に出版した『ある冬のパリ』という本のなかに、オペラ座でおこなわれたカーニヴァルの最後の日の、仮面舞踏会の情景が描かれている。さまざまな仮装に身をやつした人びとで、真昼のように明るい劇場が埋まっている。大音響の轟きとともに、期待に満ちた人びとの心が一挙に爆発し、情熱がすべてを支配する。こうしてダンスの渦が無定形に広がっていくのだが、ジャナンは、踊っている男女が相互に仮面をとってみたら、相手が思いもかけない人物であったりするだろうとして、次のように書いている。「道化役者に扮した司法官が、司法官の

オペラ座の仮面舞踏会（1842） M. Jules Janin, *op. cit.* より.

服をつけた前科者と踊ることになっていたり、名門貴族が、釈放された徒刑囚を相手に踊っていたりする。全くのところ！　これらの踊る人たちは、自分たちのパートナーがどんな人間かを知り、どんな穢れた手が自分たちにさし出されているかを知りえたとしたら、恥ずかしい思いにとらわれるだろう(26)」と。

この描写にはジャナン一流の誇張があるのであって、こうしたことがオペラ座に実際のところ存在していたわけではなさそうである。しかし、このような想像をもって、祝祭の日の情景を描くことができるのは、「犯罪大通り」の祝祭風景が、体験しえたものとしてその背後にあるからに違いない。実際に、ジャナンの描くオペラ座のこの舞踏会には、当時、流血事件の盗賊や脱獄者の象徴ともみなされたロベール・マッケールやベルトランの仮装姿が登場し、人びとをあざ笑い、人びとはこの嘲笑を期待しているのである。この二人のはずれ者は、当時ブルヴァール演劇のドラマの主人公として形象化され、人びとにとってなじみのある存在になっていたものなのである。カーニヴァルにおけるパリの住民の想像力は、多分に、こうした「犯罪大通り」が呼びおこし、そこで生み出された民衆の世界の諸形象に根ざすものであったと考えられる。

だから、カーニヴァルは「犯罪大通り」という境界領域の垣根をとり払うものであった。ブルヴァール・デ・ジタリアンに集まるようなブルジョワたちの仮装の多くは、アルルカンの道化服であったり、ロベール・マッケールの姿であったりする。そしてまた、労働者を象徴するものであった筏人夫や中央市場の荷担ぎ人夫の姿に身をやつす場合も多かった。こうしてカーニヴァルの様相は「犯罪大通り」の地平へと同化していく性格を内包していたのである。

シーモア卿の登場

パリのカーニヴァルが、両極に分化しつつあった盛り場の垣根を、境界領域たる「犯罪大通り」に向けてとり払うものであったという、この性格を、自らの行動に体現化させた人物も出現した。それはまさに象徴的行為とでもいえるものだったから、カーニヴァルの仮装行列でのこの人物の登場は、パリの住民の待ち望むものになったのである。この期待のなかで、彼にまつわる話はいささか神話化されている部分もあるようなのだが、今ここで問題なのは、どこまでが事実であったかを問うことではなく、その神話化された部分も含めて、この時代のパリのカーニヴァルの状況がこの人物の行動に象徴されていたという点にある。

この人物はシーモア卿であって、ブルヴァール・デ・ジタリアンのカフェ・ド・パリのある館に住んでおり、サークルの一つ、ジョッキー・クラブの創設者の一人だったことは、すでに述べたところである。ジョッキー・クラブはイギリスのと同様、馬と競馬を中心とするサークルであって、彼自身が競馬狂で、何頭もの馬を所有していたという、パリに定住したイギリス貴族だという。彼はカーニヴァルになると六頭立ての馬車を仕立て、ラッパを吹きならしリボンで飾り立てた先駆の者を走らせて、灰の水曜日の前夜、ブルヴァール・デ・ジタリアンからクールティユに乗り込むのだった。それは、灰の水曜日の明け方までにおこなわれる、クールティユからくり出す仮装行列に加わるためなのだが、彼のこの行列は最もきらびやかで騒々しく、人目をひくものだった。彼はクールティユで大勢の人をひき連れて、あらゆる馬鹿さわぎをやり、仮面の人びとに金貨をばらまいたという。人びとは彼にアルスーイユ卿、つまり「のんだくれ卿」というまたの名を与える。Arsouille は当時の俗語では「のんだくれ」「ろくでなし」「ごろつき」の意味であり、卿を意味する Milord は大金持のお大臣風とでも表現しうるものだった。

クールティユからくり出すカーニヴァルの行列　P. Gascar, *op. cit.* より.

こうして彼は、灰の水曜日の朝にかけて、クールティユから「犯罪大通り」に向かって坂を下っておし出す仮装行列に加わる。彼のまたとないほどに飾り立てた六頭立ての馬車の後には、シルク・オランピック座の馬車が従い、それには着飾った男女の役者が乗り、その馬車の屋根の上の席には楽士たちがいて音楽を奏する、という具合だった。(27)「ごろつきの大金持」という相対立する意味を含んだ、いかにもカーニヴァル的なまたの名を与えられることになったシーモア卿、あるいはシーモア卿と信じられていた人物の登場は、境界「犯罪大通り」を越えてクールティィユの盛り場に、西側のブルジョワの盛り場からくり込み、再び今度は幾百台の山車をつらねてクールティィユからくり出し、「犯罪大通り」からサン＝ドニ門あたりまで進み出る仮装行列のシンボルとして、人びとの記憶にとどめられたのである。この仮装行列はパリのカーニヴァルのクライマックスをなしていた。

「犯罪大通り」の消失

十九世紀になって成立した新しい盛り場は、都市空間が二つに分極化する傾向を示すかにみえた。しかしそれは都市空間を産業化の論理に従って機能的に分節化する方向を示すものであって、このような都市の変容は、都市の生活を活性化させうるものではないと、十九世紀前半のパリのカーニヴァルの在り方をみてきた者の目にはうつるのである。

パリのカーニヴァルは、こうした都市の機能的な分節化の方向を否定する力を、なお保持しつづけていた。しかもその力を支えているのは、境界たる「犯罪大通り」であったのである。

ところがこの「犯罪大通り」が消失する日がやって来る。それはオスマンのパリ改造であり、一八六二年のことである。ブルヴァール・デュ・タンプルの北端に、いくつもの新しい大通りが貫通することで、ブルヴァール・デュ・タンプルに存在した、ほとんどすべての芝居小屋は取り壊され、したがってまたこの大通りの見世物小屋も取り払われ、姿を消す。この都市計画の目ざすところは、何よりもまず、産業化の論理に従って都市を機能的に分節化することであった。市門の外の関の酒場もその意味を失い、クールティユの奥のベルヴィルは、パリ市内から移り住むことになった労働者の居住地となる。この都市改造は、その目標とするところを徹底的にやりとげたわけではなかったが、明らかに都市の性格を根底から変えてしまった。カーニヴァルはその活力を失い、それを支えていた盛り場の構造は解体した。次のようにジェラール・ド・ネルヴァルは言ったというが、それは単なるよき時代への回顧とばかりは言えまい。

「ああ！　さらに今一度繰り返して言わねばならない。ブルヴァール・デュ・タンプルは、美化され、衛生化され、その社会、その風俗を浄化されて、元の相貌のことごとくを失ってしまった、と！　市当局は、この通りを都市計画線に従わしめ、警察は公序良俗に従わしめた。もはや辻芸人もいない。綱わたりもいない。いかがわしい居酒屋もない。居酒屋には、あの敬愛すべき放浪者の群がひしめいていて、ハンケチだとか鼻目鏡だとかを盗まれる代償に、劇壇や新聞の文芸にあんなにも金を稼がせ、公衆にあんなにも娯楽をもたらしたのだったが。」(28)

この解体をもたらした機能的分節化は、都市の二つの階級による地域的分極化を、いよいよ顕在化させることになった。それは危険なものを遠ざけるという支配の論理によるものなのだが、しかしこのことは、分極化を緩和する社会のシステムによる埋合せが実現しない限り、相変わらず危険なものなのだ。ブルヴァール上に実現した一八四八年の民衆反乱は、以上にみてきたような都市空間の性格に根ざすものでもあった。

参考文献

（1）Pierre Lavedan, *Histoire de l'urbanisme à Paris*, Nouvelle histoire de Paris, Paris, 1975, pp. 16, 188.
（2）Jacques Boulanger, *Le Boulevard sous Louis Philippe*, Paris, 1933, p. 5.
（3）Felix et Louis Lazare, *Dictionnaire administratif et historique des rues de Paris et de ses monuments*, Paris, 1844, pp. 502-503.
（4）Jacques Hillairet, *Dictionnaire historique des rues de Paris*, tome 2, 1963, p. 151.
（5）Felix et Louis Lazare, *op. cit.*, p. 656.
（6）Jacques Boulanger, *op. cit.*, pp. 202-204.
（7）Jacques Hillairet, *op. cit.*, tome 1, p. 652; Jacques Boulanger, *op. cit.*, pp. 122-126.
（8）Guillaume de Bertier de Sauvigny, *La Restauration 1815-1830*, Nouvelle histoire de Paris, 1977, p. 364.
（9）フランソワーズ・パラン「パリの読書クラブ――復古王政下における文化行動と社会空間」（山田登世子訳『都市空間の解剖』（アナール論文選4）新評論、一九八五年、二四一頁。この論文は『アナール』誌の三四号（一九七九年）にのったもの。Françoise Parent, Les cabinets de lecture dans Paris: pratiques culturelles et espace social sous la Restauration.

(10) Michael B. Miller, *The Bon Marché, Bourgeois Culture and the Department Store, 1869–1920*, Princeton U. P., 1981, pp. 20–21, 40–41.

(11) Guillaume de Bertier de Sauvigny, *op. cit.*, p. 374.

(12) Ch. Paul de Kock, *La Grande Ville, Nouveau tableau de Paris*, 2 vols., 1842–43, Paris, tome 1, pp. 193–204.

(13) Jacques Boulanger, *op. cit.*, pp. 156–157.

(14) Maurice Agulhon, *Le cercle dans la France bourgeoise 1810–1848; Etude d'une mutation de sociabilité*, 1977, Paris, pp. 82, 52.

(15) Maurice Agulhon, *ibid.*, pp. 53–54, 83–84.

(16) Jacques Boulanger, *op. cit.*, p. 82.

(17) Pierre Gascar, *Le Boulevard du Crime*, Paris, 1980, p. 10.

(18) G. de Bertier de Sauvigny, *op. cit.*, p. 390.

(19) Gérard Jacquemet, *Belleville au XIXe siècle, du faubourg à la ville*, Paris, 1984, pp. 141–142.

(20) François Gasnault, Guinguettes et Lorettes, *Bales publics à Paris au XIXe siècle*, Paris, 1986, p. 118.

(21) Victor Fournel, *Le Vieux Paris, fêtes, jeux et spectacles*, 1888, Tours, pp. 132–133.

(22) Pierre Gascar, *op. cit.*, p. 58.

(23) H. de Balzac, E. de Mirecourt, et autres, *La Grande Ville: Nouveau tableau de Paris*, Paris, 1843, p. 268.

(24) *Dictionnaire administratif et historique des rues de Paris*, op. cit., p. 242.

(25) Pierre Gascar, *op. cit.*, pp. 76–77.

(26) M. Jules Janin, *Un hiver à Paris*, 1843, Paris, pp. 172–173.

(27) Alain Faure, *Paris, Carême-prenant: Du Carnaval à Paris au XIXe siècle 1800–1914*, 1978, Paris, pp. 58–59.

(28) ピエール・ガスカール『ネルヴァルとその時代』(入沢康夫・橋本綱訳)一九八四年、筑摩書房、一一三頁。

民衆騒乱の舞台

路上の権利——喜安　朗

街区から街路へ――騒乱のトポグラフィー

十九世紀の前半、とくに一八三〇年から四八年にかけての一八年間のパリは、さまざまな民衆騒擾、結社の蜂起、それにストライキ運動の舞台となった。その主要なものだけをとり出してみても、この時期のパリが、何かある発酵状態にあったかのようにみえる。一八三二年四月、コレラ流行を機に出現した群衆が、民衆蜂起寸前の状況を生み出す。その六月、共和派のラマルク将軍の葬儀に集まった結社「人民の友」と労働者が、その葬列を蜂起に転化して、バリケードの戦闘をひき起こす。一八三三年は、さまざまな職能でのストライキ運動が頂点に達し、その街頭行動は常に騒乱の様相を呈していた。一八三四年には、結社「人間の権利」の蜂起が発生する。一八三九年には、バルベス、ブランキらの秘密結社「季節社」の武装蜂起が鎮圧されるが、一八四〇年には、多様な職能の労働者のストライキが相次ぎ、ゼネスト的な状況が出現し、民衆蜂起に移行しようとした。

そして一八四八年の二月革命が起こる。この革命から六月の民衆蜂起に至る時期には、大規模な民衆運動が、ほとんど休止することなく持続していた。そしてこの二月革命期、初めてグラン・ブルヴァールが民衆蜂起のきわめて重要な舞台として登場することになった。それまでの民衆運動や民衆蜂起、またストライキ運動では、騒乱のトポグラフィーは、民衆の生活の場でもあり労働の場でもある、狭い街路の連なったパリの中心部の特定の街区や、フォブール・サン－タントワーヌ街区のような、労働者のフォブールを中心に描かれるものであった。さらに、こうした騒乱のトポグラフィーの起点として、市門の外のさまざまな関の酒場がつけ加わる。

この点は、一八四〇年の八月末のストライキ運動のなかで指物工が展開した街頭行動が、典型的に示しているといえるだろう。八月二十六日のこの指物工の街頭行動は、パリ警視総監の報告で明らかにされている。指物工は、関の酒場クールティユより北、ラ・ヴィレットに近い原野で集会、解散命令を受けて、三々五々、いくつかの市門から市内に入り、フォブール・デュ・タンプルやフォブール・サン＝タントワーヌの労働者街の仕事場をまわって仕事の放棄を訴え、オーステルリッツ橋からセーヌ左岸に出て、植物園、ムフタール街を経て、パリ南端の市門、サン＝ジャック門とダンフェール門の中間点に至る。ここで警察機動隊の解散命令を受けるが、再びサン＝シュルピス教会付近に結集し、パリ西南端のヴォージラールの労働者街に進出した。

この街頭行動はもはや単なるストライキ運動ではなく、民衆騒乱への意志を内包するものであったと考えられ、実際、九月七日になると、指物工を中心に他の職種の労働者が合流した騒乱状態がフォブール・サン＝タントワーヌに出現し、四つのバリケードが築かれる。(1)

この街頭行動のトポグラフィーは、パリの東部と南部のすべての労働者街にわたっているものである。おそらく当時の労働者の間では、つみ重ねられてきたストライキ運動での街頭運動によって、騒乱の出発点においてとるべき行動のトポグラフィーが、主要な市門やフォブールや、街路、橋、公園、教会といったものによって形づくられ、しるしづけられた都市空間のイメージとして定着していたようである。

この時のストライキ運動は、迅速な軍隊の出動によって、四つのバリケードの鎮圧をもって終わる。しかし街頭行動がもしこの閾を越えたときには、騒乱のトポグラフィーはその質を変えることになるであろう。パリ市庁舎前のグレーヴ広場、河岸、パンテオン広場、バスチーユ広場などへの大群衆の出現となるであろう。一八四八年の二月革命においては、こうした広場などと同時に、グラン・ブルヴァールが、きわめて重要な、しかもそれが新しく形成された盛り場の意味と重なり合うような、特定の意味を内包した舞台として登場することになったのである。

こうして民衆蜂起の舞台としてのグラン・ブルヴァールの意味を探ることが以下の主題となる。

1　カーニヴァルと民衆蜂起

二月革命のクロノロジー

二月革命は予期されることなく発生し、みるみるうちにパリが民衆蜂起の上げ潮によっ

アミアンの改革宴会（1847年12月5日）　G. Bourgin et M. Terrier, *1848*, TEL, 1948 より．

て洗い流されるという様相を呈することになったものである。それはたしかに七月王政を崩壊させたのだから革命と呼びうるものであるが、それは何よりも民衆蜂起として成立したものであって、王政はほとんど無抵抗のうちに、自然に崩壊してしまったと言ってさしつかえないものであった。この点からすれば、二月革命は、革命というよりは、パリにおける民衆蜂起の激発であったとすることができるだろう。王政から共和政へ、またその後の政治諸党派の動きは、二月革命期に、とくに六月までの民衆蜂起に翻弄された政治家たちの足跡を示すものにはちがいないが、それらはほとんど政治的エピソードをなすにすぎない。

たしかに議会政治家たちは、一八四七年の夏より、全国において改革宴会の運動を展開していた。この運動は一八四〇年以来、実質的に政治を支配してきて、内閣を形成したギゾの政府を、七月王政下の議会政治のなかで倒そうとするもので、議会外の民衆に運動を拡げようという意図は、毛頭もつものではなかった。当時の議会は、年額二〇〇フラン以上の高額納税者二十数万を選挙権所有者とする、きわめて少数の富裕者を基礎としており、中産ブルジョワすら政治の外に置かれる場合が多かったのである。議会内の反政府派は王朝的反対派（つまり、七月王政に忠誠であるがギゾ政府に対立する党派）のオディロン・バロを中心に、選挙権資格税額の引下げ、議員の公職兼任の制限を要求し、各地に改革宴会と称する集会をもって請願書を提出し、政府に圧力をかけたのだった。この運動には一八四七年の末までには、共和派や最左翼に位置していた急進共和派も独自に加わっていく。十一月七日のリールで開かれた急進派の最初の集会で、その中心人物のルドリュ・ロランは、労働者・農民にもアピールするという姿勢を示し、普通選挙を要求し、社会改革の必要を主張するに至っている。

しかしこうした急進共和派といえども、民衆運動に期待をよせていたわけではなく、ルドリュ・ロランなどは、普通選挙の実現こそが革命を回避しうるものだという考え方を表明したことのある人物だった。彼ら急進共和派は、二月革命が始まりつつある段階でも、民衆蜂起には背を向ける態度をとった。

オディロン・バロら反政府派は、二月二十二日にパリでの改革宴会の開催をきめるが、

2月22日マドレーヌ聖堂前のデモ　G. Bourgin et M. Terrier, *op. cit.* より.

政府の禁止にあい、その計画を放棄する。しかし二月二十二日当日、学生と労働者のデモ隊がマドレーヌ広場に出現し、軍隊との衝突もあり、バリケードも出現する。二十三日、秩序維持のために国民軍が非常召集されるが、ほとんどの国民軍大隊が反ギゾの態度を示し、二十三日午後、ギゾ内閣は倒れる。ギゾ辞任の知らせが街中に伝わり、パリの街頭は祝祭的状況を呈する。これが二月革命当初の簡単なクロノロジーであるが、こうした表面の経過の背後に存在した動きは、後に多少くわしくみることにする。

もしこの状況で事態が収拾に向かったとすれば、流動的状況が続くとしても、結果は内閣の交替と制限選挙の枠が拡大されるという、単なる政変劇で終わったはずである。

しかし二十三日の夜、流動的状況を一挙に民衆蜂起の激発へと導く契機となった偶発事件が発生する。それはブルヴァール上で発生した。

死体をのせたカーニヴァルの山車

新しい盛り場となったブルヴァール・デ・ジタリアンの西に続く大通りは、ブルヴァール・キャプシーヌであるが、この大通りには外務省が存在していた。二十三日の夜、民衆居住街区として有名なフォブール・サン-タントワーヌから押し出して来たとみられる群衆が、外務省前の群衆に加わり、緊迫した気運が生まれた。そこで発砲がおこなわれる。それは、守備していた正規兵が恐怖にかられて発砲したものと考えられているが、この発砲が引き金となって守備隊の銃撃が発生し、五二名の死者を出すことになった(2)。この偶発事が民衆蜂起へと人びとを飛躍させるきっかけとなった。

しかしこの飛躍を実現させたのは、単に銃撃事件の衝撃ということではなく、この時に民衆がとった抗議行動の形式が決定的な意味を持ったことにあった。

民衆はこの時、通りがかりの馬車に死体をのせ、カーニヴァルの山車を引くという形式をとって、ブルヴァール上をねり歩いたのだった。この時の情景は、ダニエル・シュテルンがすぐれた描写をおこなっているので、それを引用してみよう。

2月23日夜の山車　ジャン・カスー『1848年』野沢協監訳，法政大学出版局，1979より．

「白い馬に引かれた四輪馬車のなかには、五つの死体[3]が左右に対称的に、見るも恐ろしい様子をして並べられていた。腕をたくしあげた一人の労働者が、この四輪馬車を引く白い馬の手綱をとり、馬車の長柄の上には民衆のなかの子供が立っていて、顔面を蒼白にして虚空の一点をぎらぎらした目でにらみ、ほとんど身じろぎひとつしないで、腕を前につき出していた。この民衆の子は復讐の象徴ででもあるかにみえた。彼は手にした松《たい》明《まつ》を後方にかたむけ、その光で、蒼白な首と胸の上を長くしたたり落ちる血潮に染まった、若い女の死体を照らし出す。ときどき、馬車のうしろに乗ったもう一人の労働者が、そのたくましい腕で、この動かなくなった死体の腰をささえて、手にもった松明を振り動かしながら、この死体を引き起こす。松明からは火の粉が火花のように飛び散り、この労働者は群衆にむかって凶暴なまなざしを走らせながら叫ぶ。『復讐だ！　復讐だ！　民衆虐殺だ！』『武器をとれ』と群衆がこれに応える。そして死体はまた馬車のなかに崩れ落ちる。馬車は走り続け、いっときの静けさが支配する。ダンテの地獄だけが、このような恐ろしい情景を描いている。民衆は永遠の詩人なのだ。天性の資質と情熱が彼に、悲壮感から生まれる崇高な美しさを、おのずから霊感のように与えるのである。芸術も、こうした壮大な感銘を再現することはむずかしいものである。」[4]このような示威の形式を、カーニヴァルの祭式に似た、デモンストレーション＝スペクタクルの性格を持っていると指摘したのは、モーリス・アギュロンであり、[5]もっとはっきりと、アラン・フォールは、カーニヴァルの山車の形式をとったものだと特徴づけた。[6]

民衆蜂起とカーニヴァルの形式

アラン・フォールは、二月革命において、民衆蜂起がカーニヴァルの形式をとるに至った理由と意味を説明しようと試みている。その状況的な説明でとくに強調されていることは、十九世紀前半期を震駭させた階級間の衝突をぬきにしては、この時期のパリのカーニヴァルの性格は理解できないという点である。パリの民衆はこの期の革命や騒乱に次第に積極的に、また自律的に加わるようになったが、カーニヴァルのように重要な民衆的な祭は、このような状況によって深い刻印を受けずにはおかないものだとされる。例えば、不平等を改めて問題にし、社会秩序への異議申立てをおこなうといった、その時期のすべての騒動の底に存在していた要因を、この祭の核心部分に確認することができるという。金持が貧乏人のようなかっこうをするという、カーニヴァルでの遊び心というものも、フィクションの上で民衆に従属し、バリケードや舗石によって実現を迫られる平等を、祭という危険のない形で民衆に対して与えるという意味を含むものだったというのである。(7)

このような一般的状況を背景として、ブルヴァール上に死体を積んだカーニヴァルの山車が出現するということになるのだが、より直接的な状況も、これに関係していたともみられる。一八四八年のカーニヴァルが最も盛り上がるマルディ・グラ（告解火曜日）は三月七日にあたっていた。労働者=民衆にとってカーニヴァルは、一時的な解放を味わい、飽食を実現し、日常からの離脱の時であるのだが、例えば飽食を実現するためには、その前に何週間も猛烈に働くこともするし、一年のたくわえをカーニヴァルで食いつくすとすらいわれている。(8)二月二十三日は、民衆にとってはすでにこうした期待の実現を目前にするものだった。

しかしこうした状況的説明と同時に、カーニヴァルの性格自体が民衆蜂起の激発に通じ合うものを持っているということをも見のがすことはできない。カーニヴァルには、さまざまな民衆の祝祭やシャリヴァリのような儀式的行為の形式が入り込んでおり、さまざまな象徴や象徴的行為によって満たされているという。そのなかでも、社会の下層の人びとやはずれ者に身をやつす仮面や仮装、女が男装し男が女装するといったもう一つの転倒、俗語や猥雑な言葉を使っての罵声の投げかけあい、コミュニオンの実現を象徴するものとしての集団での飽食、こうした象徴的な行為は、人びとを日常性からはぎとり、既成の秩序の解体を演出する。この演出は、実際に古いものを転覆しかねない力を内包しているのである。ヴィクター・ターナーの視点からすると、これは集団《パブリック》が示す境界性《リミナリティ》ということになるだろう。その比喩的な表現によれば、直接話法に似た世俗的な社会‐構造的活動からの離脱によって、仮定話法に類する集団が示す境界性のなかに人びとが流動していくとき、日常性の解体とそこから意表をつくような民衆の創造力が生み出されることにもなる。

こうした前提のうえに立っていえば、カーニヴァルにおける民衆の創造力は演技行為のなかにあると、ターナーに従って言うことができるだろう。[9]

すでに引用したようにダニエル・シュテルンは、「民衆は永遠の詩人なのだ。天性の資質と情熱が彼に、悲壮感から生まれる崇高な美しさを、おのずから霊感のように与えるのである」と、いみじくも書いている。

抗議としての演技

パリのカーニヴァルは何よりも路上の祭であったが、ブルヴァール上にはとくに多種の山車が連なり、四輪馬車や軽装二輪のキャブリオレや、荷馬車、家具運搬車、それに霊柩車までが、山車となってくり出された。そこには仮面・仮装の人びとがあふれ、徒歩の行列もこれに加わった。それは巨大な演技行為であった。民衆は日常的にも、ブルヴァール・デユ・タンプルを中心とする盛り場で、パントマイムや大道芝居、また道化の仮面劇を愛好し、それになじんでいたが、それは民衆の演劇化の才能に属するものであったし、またそれを常に養い育てているものだった。

カーニヴァルの行列は、まさにこの民衆の演劇化の才能にしっかりと根を下ろしていたが故に、非常な活力と、思いもかけない創造性を内包していたのである。ただカーニヴァルの演技行為は、ミハイル・バフチーンが力をこめて強調しているように、「演技者と観客との間の区別を知らない」のである。カーニヴァルはただじっと観ているものではない。「その中で生活するのである。すべての人が生活するのである。」「カーニヴァルにおいては生活そのものが演ずるのである。舞台も、フットライトも役者も観客もなく、つまり芸術的・演劇的特質を持つもの一切を使わずに、自己実現のための別の自由な（気ままな）形式を演じつつ、より良き原理に基づく自己の再生・改新を演技しつつ、生活そのものが演ずるのである」とバフチーンは書く(10)。ここで生活といわれているものは、むしろ生命力といったことだと思う。

実際にパリのカーニヴァルの呈する演技行為は、仮面と仮装の行列に加わっている者と観ている者との境界が、たえずとりはらわれていく、きわめてダイナミックなものであった。俗語や猥雑な言葉の投げかけあいや、身振りの応酬は、常に相互性をもっていた。汚物のような言葉を吐きかけられた者は、すでにそのときに、自らもその言葉のなかにひたされる存在になっていた。こうしてすべての人びとが演技者となり、演技行為によって進展するカーニヴァルの波にのみ込まれていったのである。

二月二十三日夜の偶発事件において労働者がとっさにとった行動の形式がカーニヴァルの山車であったということは、その労働者たちが詩人であったというよりも、カーニヴァルにおけるこの演技行為の意味を、本能的に知っていた、というより身体化していたということであり、それが彼らの霊感の内容だったといえるだろう。カーニヴァルは労働者＝民衆の生活において、異常な力能をまだ失っていなかったのである。

こうして山車の形式をとった抗議行動は、カーニヴァルの演技行為として、それを観る者と行動する者との境界をうちくだいたのである。それは多数の民衆を、新しい現実に直面し、それを担う者に急激に変容させることになった。

山車の上から労働者によって投げかけられる「復讐だ！　復讐だ！　民衆虐殺だ！」という叫びは、すぐさま「武器をとれ！」という群衆の叫びによって呼応されている。これはすでに指摘した、カーニヴァルにおける罵声の投げかけあいに照応するものである。カーニヴァルにおける俗語などによる罵声の応酬は、上流階級の上品な言葉とその立居振舞いを解体する意味を含んでおり、人びとを日常生活のなかで占める位置からはぎとって、いわば集団的な境界性へと投げ出すものであった。今ここで展開されている「復讐」「民衆虐殺」「武器をとれ」という激しい言葉の応酬は、こうしたカーニヴァルでの演技行為の重要なものに照応した形で展開されており、人びとを日常性から離脱させ、蜂起へと向かわせるものなのである。このような抗議行動と演技行為の照応こそが、人びとをして蜂起を受け容れさせ、その主体へとすみやかに転化させるものだった。

山車の行列はどこへ

この山車による民衆の行動は、ブルヴァール・デ・キャプシーヌ、ブルヴァール・デ・ジタリアン、ブルヴァール・モンマルトルと、ブルジョワ層の集まる盛り場を通って、グラン・ブルヴァール上を東に進んだ。その途中、オペラ座のあるル・ペルティエ街の、共和派の拠点となっていた新聞『ナシヨナル』の編集所の前で一時停止し、共和派のガルニエ・バジェスの演説を聞く。彼の言うことは、銃撃事件は誤解にもとづくもので、どうかみんな家にもどるように、秩序を乱さぬように、という、民衆を抑止しようとするものであった、とダニエル・シュテルンは書いている。彼女の記述だと、死体をのせた山車は、ブルヴァール上をバスチーユ広場まで行き、死体を七月革命の犠牲者を記念する円柱の下に安置したことになっている。

しかし、当時の目撃者や参加者の証言によって書かれた後の研究では、山車の行列は、ド・サン-ドニ門の先のところでバリケードに行きあたり、ポアソニエール街に曲がり、ド・クレリ街、モンマルトル街、ジャン-ジャック・ルソー街、コキイエール街を通って、中央卸売市場の方向にむかったことが明らかにされている。そしてこのパリの中心部の諸街路を、途中の武器商店から平和裡にとり上げた銃で武装してねり歩き、最後に第四区の区役所に至り、そこを守備していた国民軍の一隊と対立して武器を奪おうとするが果たさず、遺体は区役所の中庭に安置されることになった(11)。

ダニエル・シュテルンのこの記述が事実としては誤りで、何かを根拠にしたものか彼女の想像によるものかどうか、はっきりしない。別の死者をともなった行動が存在したのかもしれない。しかしサン-ドニ門のところに巨大なバリケードが存在していたことは確かであって、山車の行列が通行しうる状況にはなかったとみてよい。にもかかわらずダニエル・シュテルンが誤った想像をしているのであるとすれば、それは、二月革命期を経験した直後の彼女が、二月革命期にグラン・ブルヴァールが民衆の運動の表舞台として登場してきたことに、きわめて強く印象づけられた、ということを物語っているといえそうである。

こうして山車の行列の行方は、想像と事実の間をゆれ動くのではあるが、それが、あの「犯罪大通り」といわれるブルヴァール・デュ・タンプルへと向かおうとしていたことは明らかである。

これは、すでにみた、当時のパリの新しい盛り場のトポグラフィーにとっても、きわめて象徴的な行動であったといえるだろう。ブルヴァール・デュ・タンプルは、「ブルヴァール演劇」でのパントマイムや道化芝居、また芝居小屋前で演ぜられる道化劇であるパラードや大道芝居によって、民衆的な演技行為を人びとに向かって問いかけ続ける場として存在し、日常性からの離脱を人びとに垣間見させるものとして、境界性を内包している。がそれと同時に、ブルヴァール・デ・ジタリアンのブルジョワの盛り場からすれば、この「犯罪大通り」は、その背後にクールティユという、ブルジョワにとっては別の世界の盛り場をひかえたもので、この大通りを越えてその別世界に彼らが足を踏み入れることは、なかなかできない境界領域をなしていた。このことは、クールティユの関の酒場に集まる労働者にとっても同様であって、盛り場としてのブルヴァール・デ・ジタリアンは別の世界なのである。

今、死体を荷車に積んで民衆蜂起を呼びかける行動が、カーニヴァルの形式と内実に照応しており、「集団の示す境界性」をはらむものになっており、しかもそれがブルヴァール・デ・ジタリアンからブルヴァール・デュ・タンプルの境界領域に進み出ようとし、さらにカーニヴァルでのごとくにそれを越えて出ていこうとする勢いを示すとき、それは境界領域の消滅、というよりも境界性の都市空間への溢出を象徴している。パリの都市空間は、その様相を変えざるをえないのである。騒乱状況はこれまでのように、ある街区やあるフォブールに局限されることはないであろう。

サン＝ドニ門付近のバリケードによってパリ中心部に迂回することになった山車を中心とする民衆の行動は、そこの民衆を全面的な蜂起へとかり立てることになった。ここで、七月王政の枠内での議会改革とギゾ内閣退陣という、改革宴会のめざした路線はいっきょに崩壊し、王政廃止と共和政樹立が焦眉の急となった。

2　抑圧の解体──ブルヴァールの「祝祭」

街区の国民軍

二月革命はグラン・ブルヴァールを民衆蜂起の表舞台として大きくクローズアップすることになった。しかしそれは、日常生活の場たる人びとの住む狭い街路の通る街区（カルティエ）における一定の変動を前提とし、またそれを一挙に表出するものとして、浮上してきたものである。何も突如としてカーニヴァル的な行動がブルヴァール上に出現したわけではないし、それが二月革命期の民衆蜂起のすべてを支配していたわけでもない。

民衆蜂起は、もっと多様な問題次元の重層化と、その相関関係のなかで発生する。これらの問題群を検討することは、今ここでの課題ではないのだが、しかしその一端に触れておかなければ、あたかも民衆蜂起=カーニヴァルといった短絡的な図柄を描いているかのように思われかねないだろう。

民衆蜂起の形成をとりまく状況のうち、一つの重要な次元は、民衆の生活圏において存在している抑圧の解体ないし弛緩の進展ということである。この生活圏の抑圧というのは、国家権力が間接的にかかわり合っているとはいえ、基本的には民衆の生活圏における社会的関係に根をもったものと理解し、それは歴史的に変化する社会的なシステムとして存在している。現代でいえば、情報の特定の社会的システムがわれわれの生活圏に内在する権力と化しているといった理解になる。

七月王政期から二月革命期にかけて問題となった、民衆の生活圏に内在する抑圧の体系は、国民軍であった。それは民衆の生活圏に内在化していたという点で、正規軍や警察機動隊や警察とは明確に区別されなければならない(12)。

ここで国民軍の性格と発展について、詳細に述べる余裕はない(13)。しかし最低限必要なことだけを指摘しておこう。七月王政期の国民軍の骨格は、一八三一年三月二十二日の法律で定められた。それによってこの民兵組織は、一定の職業につく者を除いて二十五歳から六十歳までの男子によって構成されることになったが、一年間に家賃二〇〇フラン以上を支払う者（パリで対人課税の対象となる者）のみが常備役とされ、その他は、隊員としての機能を実際には果たさない予備とされた。この区分によって、労働者層が完全に国民軍から排除されたのである。しかもその隊組織は住民の生活の最小の場を基礎としていた。つまり国民軍の組織は、パリ全十二区のそれぞれが一軍団に、各区に存在する四つの街区のそれぞれに一大隊、一大隊が六中隊に分かれるものだった。この中隊が最小単位なのだが、これは、一つの小さな街路の両側の家屋の住民によって構成されていたとみてよいものである。つまり、一つの界隈といえる生活の場が一つの中隊を構成し、そのなかで労働者層のみが隊員となれず、銃を持てないという状況だったのである。

同じ生活圏に住むブルジョワと労働者——救済と抑制

当時のパリでは、民衆居住街区とみなされる地域でも、決して労働者層のみが住んでいたわけではない。労働者は家屋の上層の階に住み、一階が商店や仕事場などになっている場合は、二階には商店主や小企業主が住み、さらに三階にそれより多少富裕な人びと、時に家主などが居住していた。労働者層が次第にベルヴィルに代表されるようなパリ市外辺地区に移り住むころになると、この状況は少しずつ変化する。この変化を強いたのは、一八五〇年代にナポレオン三世とセーヌ県知事オスマンの推進した有名なパリ改造である。このパリ改造によって、パリ市東部の外辺に労働者居住地域が新たに生まれ、富裕者の居住地域との分離が明確になり、前者が後者を取り囲むような形になったと、しばしば指摘される。この指摘はいささか誇張されたものなのだが、しかしそれはまた当時のパリの支配者層の心理状態を表現してもいるのである。一八五五年のパリ商工会議所とパリ警視庁の一報告が次のように指摘しているのも、こうした心理状態を示す一つの例である。

「労働者たちがパリの中心から遠ざかっていくのを強いる諸事情が、労働者の素行や道徳感に好ましくない諸結果を生んでいることが、一般的に注意すべきこととして指摘された。かつて労働者たちは、工業の企業主の家族や比較的富裕な人びとがなお住んでいた家屋の上層の階に居住するのが一般的なことだった。この同じ家屋に住んでいる人びとの間には、ある種の連帯が存在していたのである。人びとはお互い同士でいくらかの助合いをやっていた。労働者たちは病気や失業のときには多くの救済や保護を見つけ出したものであったし、他方では、ある種の世間体を気にすることが、労働者の生活習慣のなかに、規律正しさをきざみつけていた。労働者がサン-マルタン運河の北、あるいは市門の外にまで移り住むことになって、彼らはブルジョワの家族がいないところに住み、救助も受けられず、以前にはこの隣人たちが彼らに与えていた抑制からも自由になっている。(14)」

この報告は、同じ家屋に住む労働者と富裕な人びととの間の「ある種の連帯」の存在について語り、富裕な者が労働者に与える救済について指摘する。にもかかわらず、この報告が心にとめている基本的な事柄は、同じ家屋、同じ界隈に住むブルジョワ層の労働者層に対する規律の強制、抑制の実現ということであることが明白になっている。そこにいわれている連帯、また救済とされていることは、こうした事柄を支えるものにすぎない。同じメダルの裏面にすぎないのである。

抑圧の体系としての国民軍

一八四八年までの国民軍の存在は、このような事柄に根をもった抑圧の体系だと考えることが可能であろう。同じ家屋、同じ界隈に住みながら、商店主、小企業主以上の層は武装した民兵組織に属し、労働者層はそこから排除されているのである。パリで民衆運動が高揚した時期である一八三〇年代前半の、民衆運動に対する国民軍の対応の仕方を検討するなかで、ドーマールがおこなっている次のような指摘は、注目にあたいする。「国民軍は秩序を維持し、一八三〇年に樹立された体制を救った。しかしこれは、ブルジョワジーと民衆との間、パリの小企業主と彼が雇用する労働者との間に敵対関係を生み出すという代償をともなった。国民軍はその隊列にある民衆的ブルジョワを介して、パリ民衆の内部に深く根をおろすものであった。ところが、蜂起と闘うという必要性は、社会条件の相違からはその差が十分明確になっていなかった両者の間に、国民軍は障壁をつくり出してしまった。」(15)

実際に商店主などの民衆的ブルジョワと労働者層との間には、実生活での分離は決して明確なものではなかった。民衆的ブルジョワの子弟で労働者になるものは少なからずあった。国民軍はこのような民衆の生活圏に根をおろす存在だったことが重要なのである。

国民軍は民衆蜂起などに際しては、必ずしも抑圧の軍事力として強力なものではなかった。とくに一八三五年以降は、その隊組織は形骸化したともいわれる。しかし、隊組織としての機能が低下したとしても、日常生活のなかでは、一定の人的結合関係として存在しつづけていた。この時代に、とくに民衆は、その生活において頼るべき社会制度や社会システムによって把握されていないのであり、人と人との直接的な関係のなかで生きている。国民軍に内在する人と人との関係は、こうした民衆の生活の土台となっている直接的な人的結合関係に密着した性格をもつものであって、日常的な監視と抑圧のシステムとしては、この時代に最もよく適合するものであった。抑圧の体系としての国民軍はこのような歴史性をもつものであった(16)。

国民軍の選挙権要求

ところが、こうした国民軍が次第に政治への関心を深めていったことが、重大な結果を生むことになるのである。

国民軍の各中隊には、中隊長を中心に数名の士官と下士官が存在していたが、彼らは中隊のなかでの選挙によってその地位につくことになっていた(一八三七年の法律では、士官、下士官、兵士代表よりなる集会で選挙がおこなわれることになっていた)。国民軍の中心は、その隊員の大多数を占める商店主や小企業家であったが、彼らは国民軍内の選挙に関与しうるのに、国政選挙において選挙権をもっていない。そのことから彼らは、政治に関心を向けていくのであり、一八三八年以降、国民軍の集会や士官選挙に際して、選挙改革のキャンペーンがおこなわれるようになっていった。この動きの具体的な指摘は省略するが、この国民軍の動向は、議会内部におけるオディロン・バロらの政府反対派の選挙改革の主張が、議会外の小ブルジョワ層にも浸透していったことを示す事態であった。そしてこれは、二月革命に直面しての国民軍の示した態度に連なっていくことになる。そしてこの国民軍の政治的動揺は、二月革命における民衆蜂起の発生をうながす重要な条件となる。

すでに述べたように、政府反対派の議会政治家の改革宴会の運動は、一八四七年七月九日のパリでの集会を皮切りにして、十二月まで各地で展開された。しかし十二月以降、宴会は開かれず、運動は放棄されてしまったかにみえた。これは代議士が、議会の開会に並行して運動を展開することを回避したことと、急進共和派の運動への参加を警戒したためとみられる。

ところがこの段階で、パリの第十二区の国民軍の士官層のなかから、議会政治家の意志とは全く無関係に、第十二区で独自の改革宴会を開くという提案が出現することになった。

これは、改革宴会をあくまで議会の枠内の運動にとどめようとした政府反対派の代議士の意図をのり越えてしまう自律的な動きであった。そもそも国民軍が政治に干与することは一八三一年三月の法律で禁止されていたものである。十二月九日以降、国民軍士官・下士官を中心とする数回の会合が開かれ、委員が選出される。宴会の会場はフォブール・サン－マルセルのパスカル街の製綱工場の建物と定められ、大衆の集まりやすい日曜日に会費三フランで開催することが決定される。フォブール・サン－マルセルといえば、パリの最南端の最も貧困な地域として、当時の衛生学者たちもとくに注目していたところである。パスカル街というのは、このフォブールの最も外辺部にあった。参加者

フォブール・サン－マルセルのビエーブル川沿いの家々　第二帝政下　M. Gaillard, *Paris au XIXe siècle*, Fernand Nathan, 1981より.

は一二〇〇名を予定し、九〇〇の参加券が配布された。(17)

議長については第十二区選出の政府反対派の代議士に依頼することになったのだが、この第十二区の動きは、少なくとも国民軍を構成する小ブルジョワ層を反政府運動にひき入れようとする試みであったといえよう。

この第十二区の集会は第十二区の住民を対象にするものだったが、他の地域にも大きな反響を呼びおこしたようである。この点は今まであまり注目されてこなかったが、いくつかの断片的な史料によって、それを垣間見ることができる。フォブール・サン＝タントワーヌ街に住む家具製造業のユベール・ローネットは、この街の国民軍の士官であったようだが、第十二区の宴会の参加券の配布をやっていたと証言している。(18)また第五区のダブーキール街に住む国民軍の中隊長は、第十二区の宴会を準備する委員会に加わったと述べ、(19)第四軍団第一大隊の士官だったラングロワも、また同様の証言をしている。(20)

第十二区の宴会は一月十九日開催ときめられたが、パリ警視庁の宴会禁止の意向が伝えられる。委員会の多数はなお自律的な行動を主張したが、政府の禁止の態度に直面し、宴会開催の主導権をすべて、政府反対派の代議士の手にゆだねてしまうことになった。代議士たちは、パリ中心部のシャイヨで二月二十二日開催、会費は倍の六フランと決定するが、二十一日夕刻、この宴会の開催をも、彼らは放棄したのであった。しかし二十一日朝の新聞『ナシヨナル』『レフォルム』『デモクラシー・パシフィック』には、二十二日に宴会会場に向けて、制服を着用した国民軍士官と兵士が隊列を組んで行進するという、アルマン・マラストの呼びかけが、すでに発表されてしまっている。(21)

抑圧の解体

このような事態の変転のなかで、国民軍の各中隊の士官は、幾度も会合して、とるべき態度を協議していたと考えられる。こうしたことは二十三日の朝、政府が国民軍全体に非常召集をかけることによって、最終的な決着をせまられることになった。その結果、街頭に集まった国民軍は、第一軍団と第十軍団を除き、改革を支持し政府に反対する態度を明白にしたのだった。フォブール・サン-タントワーヌの存在する第八軍団と第十二軍団が最も強い反政府的態度をとり、第五軍団の二つの大隊はほとんど全員が結集して街頭デモをおこない、労働者を含む住民がそれにともなって行動するという状況になる。そこで警察機動隊との衝突が発生し、サン-マルタン街区の小さな街路は反乱者の占拠するところとなり、サン-マルタン街にはいる街路の入口は、すべてバリケードで固められた。

以上のような急転回する状況のなかで、国民軍は行動における統一性を失い、とくに民衆居住街区において、民衆蜂起に対応する機能を完全に失った。第一に、各軍団の司令部が諸大隊に対する掌握力を失い、混乱した状態になる。そして第二に、民衆居住街区の国民軍の士官・下士官は、議会改革に賛成し、ギゾ政府に反対の意向をもっていたものの、急転する状況にどのように対応し、また行動するかについては、その統一をはかる動きはほとんど現れず、個々に分散した行動が出現することになった。上にのべた第五軍団のように、二つの大隊が自分の街区で示威運動を起こす場合もあったが、フォブール・サン－タントワーヌ街のある第八軍団では、二十三日の政府の非常召集にも応ぜず、といって何か特別の行動をとることもなく、いわば日和見をきめこんでしまうのである。これは、多くの中隊の士官たちが、ある中隊長の家に集まって、数回にわたって意見を交換した結果であった。(22) おそらくどの民衆居住街区においても、状況の判断と行動の選択は、こうした士官たちの小規模な集会で討議されたのだろうが、それ以上の行動に出るものではなかったのである。

二十三日の政府の国民軍非常召集の命令は、もちろん、各街区の中隊がそこの治安維持を実現させるためのものであった。反政府的態度をとりつつあった各中隊また大隊は、敵対しつつある政府の命令に率直に従うことはできない。このようにして国民軍は、民衆の生活圏における抑圧体系としての機能を失ってしまう。と同時に、反政府の態度をどのような行動に移すかという点については、個々に分散したあいまいな行動しかとれず、街区の民衆の動向に対して指導権を発揮することもできなかった。これは民衆にとっては、自己の生活圏に内在していた抑圧の解体を意味しており、ひとたび民衆蜂起となれば、それは、すべての民衆居住街区に拡がる可能性が生まれたのである。少なくとも二十三日の政府の国民軍に対する非常召集以降、前日からの流動的状況の上に、さらにこれに触発されて行動に移った民衆に、街区での行動の主導権は移ってしまう。

ブルヴァールの祝祭的な様相

二十三日午後、ギゾ内閣は辞任し、ギゾは四時半すぎにこれを議会に報告する。この知らせはすぐに街中に拡がり、街頭で爆竹がなり、ダンスがおこなわれ、夕刻になると家屋の窓が灯火で飾られる。街路は人波みで埋まる。このような祝祭的な様相は、とくにブルヴァール・デ・ジタリアンを中心とするブルヴァール上に出現したようである。このような情景を描写する点ですぐれているのは、やはり、ダニエル・シュテルンである。

「ブルヴァールの様相はすばらしいものだった。さまざまな色の灯火が花飾りのように長く連なり、家屋のすべての階から下げられ、家々をつないでいて、人びとの心が一つになったことを、楽しげに象徴しているようだった。男も女も子供も、不信の念をもつことなく、パリの住民がいつも遊びと祭の舞台としている、この美しい大通りを自由に歩きまわっていた。そこは大きな喜びで満たされ、すべての顔に満足感がただよっていた。ときどき、旗や寓意を含んだすかし絵をかかげ、マルセイエーズをうたう一団が車道を通っていくのが見うけられた。人びとは薄暗いままになっている窓の下で立ち止まり、子供たちがおどけた調子で声を上げて、いつまで灯火をつけないのだ、と要求した。いくつかの即興的なパロディーや道化芝居が、歩き回る人びとを陽気にしていた。」

このように書いたシュテルンは、この最後の箇所に注をほどこし、次のように指摘する。「エベール氏宅の窓の下には、自分が敗北したことを自宅の窓にイルミネーションを灯して祝うなど考えてもみなかった彼を、冷やかし半分にやっつけようという一団がやって来た。この一団は、ろばに赤い帽子をかぶらせ、またリボンと鈴で飾り立てて、引っぱって来た。民衆層に属する一人の男が、首にギターをぶらさげ、何ともグロテスクなセレナーデを、この元大臣に聞かせたのだった(23)」と。

ギゾ内閣の大臣だった人物に対して仕掛けられているこの一団の行動は、ろばとグロテスクなセレナーデという道具立てによって、民衆の慣習のなかに根づいていたシャリヴァリの形式をとったものであることが明白である。パロディーや道化芝居やシャリヴァリなどは、しばしば、カーニヴァルを構成する重要な要素になるものであって、このブルヴァールに現れた祝祭的な様相は、すでにカーニヴァル的なものであるともいえる。

とすれば、ブルヴァール・デ・ジタリアンの、ブルジョワ的な盛り場にまで、民衆的な熱気があふれ出て来ているということであり、通常とは異なった様相を呈しているのである。これは、境界領域として存在していたブルヴァール・デュ・タンプルが越えられ、その境界性がグラン・ブルヴァール全体に拡大したことを示す。このような状況をつくり出したのは、単にギゾ内閣が辞任したという事実ではなく、民衆の生活圏に内在する抑圧が解体することによっているのである。したがってこの祝祭的な様相は、表面的にみればギゾの辞任によって事が完結したことを示すようにみえながら、実はこれから事が始まるということを、すでに予告するものだった。この点についてはすべての歴史叙述が明確に認識していないところである。したがってそれらは、この夜に発生した外務省前の銃撃事件を、偶発事件としかみない。たしかにそれは、フォブール・サン-タントワーヌから押しよせた労働者の隊列に恐れをなした兵士の一人が誤って銃を発射するということによって発生したとしても、それは起こるべくして起こったものといえる。

民衆街区のバリケードは固められており、フォブール・サン-タントワーヌの労働者の隊列は、この祝祭的な様相を呈するブルヴァール・デ・ジタリアンへと、今までにみられないような強固な隊伍を組んで進んできた。これを目撃したオーストリアの外交官アポニー伯は、その日記に、「しかし、その大部分が労働衣を着た若い男からなる群衆が、赤と黄の紙でできた角灯を長い竿の上につけたものを先頭にして、ブルヴァール上を前進してきた」と記している。(24) シュテルンは、この隊列は赤旗と松明をふりかざしていたとする。

この隊列が正規兵の銃撃を受けたとき、カーニヴァルの山車の形式をとって劇的な抗議行動がとられるに至った、というすでにみた事態は、もはや偶然に帰せられることではないことが明らかとなる。カーニヴァルの山車の形式で行動が起こされるということは、単なる即興に属することではなかったのである。民衆の日常生活における抑圧の解体は、集団の示す境界性をいっきょに拡大していくとき、民衆蜂起がカーニヴァルの形式をとるとしても、不思議なことではなかった。当時のパリの盛り場の性格は、そのトポグラフィーとともに、このようなことを可能にしていたのだった。

3　民衆のパロディー――既存秩序の流動化

チュイルリー宮殿でのパロディー

二月二十四日、民衆蜂起の激発を前にして、各街区の国民軍の単位が各個にとりえた多少とも組織的な行動といえば、蜂起とそれを抑圧しようとする警察機動隊また正規軍の間にはいって、流血の衝突を阻止しようとすることであった。国民軍は民衆蜂起の激発に直面して宙づり状態に置かれたのである。国王ルイ・フィリップはすぐに後継内閣の首班を実現できなかったが、その致命傷は、この国民軍に市内の治安維持の任務をゆだねて、正規軍部隊の兵営への撤退を軍が命令したことにあった。これで民衆蜂起への抑止力はすべてとり除かれることになった。国王の退位で、チュイルリー宮殿から人影が消え去る。反乱者は、正規軍の兵士の抵抗もほとんど受けることなく宮殿を占拠した。議会や市庁舎への民衆の侵入、王政の崩壊とラマルチーヌらによる臨時政府の成立などの政治史のクロノロジーが展開されるなかで、民衆蜂起のなかから一つの儀式的行動が出現した。この行動についてはM・アギュロンがその一八四八年の記述において、その時代の空気を垣間見させるものとして注目し、またカーニヴァルの形式の再度の出現として指摘しているところである。[25] しかしその指摘はきわめて控え目のものであり、以上にみてきたような民衆蜂起のたどった軌跡のなかで、その行動の内包していた意味は、必ずしも明らかにされてはいないように思う。そこで民衆のとったその行動を、もう少し詳細に考えてみることにする。

反乱者が王宮を占拠すると、やがてそこは群衆によっていっぱいになる。そして最後には群衆がそこを支配した。ここでも再びダニエル・シュテルンは、この群衆の状況を最も詳細に書き残した人物である。彼女によると、この時点から二十四日の深夜に至るまで、チュイルリー宮殿は群衆の手にゆだねられるに至ったのだが、彼らはこの見たこともない豪壮な宮殿の様子に仰天すると同時に解放感をかき立てられ、まず喜びに酔いしれ、ついで酒に酔い、狂ったような想像力で、ありとあらゆる度はずれた行動や気まぐれをやらかし、宮殿は大規模なオージー、言語を絶するお祭騒ぎの場となったという。ある者は荒々しい怒りを満たすために、ガラス、シャンデリア、花瓶をこわし、壁布をひきさき、本や書類や手紙や素描画を破り、足で踏みつけにし、大火事になるかも知れないのに、それに火をつける。他のもっと多くの者は、無邪気な言葉と身振りで風刺を演じて、より洗練したかたちで、喜びを表現する。「その場でコメディアンとなって、高級な喜劇の荘重なと

チュイルリー宮殿に侵入した民衆 1848年2月24日 A. Dayot, *Journées révolutionnaires 1830–1848*, Flammarion より.

ころをとり入れて、国王の接見の儀をまねする者もいる。宮廷の演技場では、そこのオーケストラの楽器をとり出してきた人びとが、ものすごい不協和音をかなで、耳をひき裂くようなその音で、この革命のひとときの精神のカオスをひき立てようとしているかにみえる」という。そして、

「子供たちはビロードの部屋着を着こんでしまい、金の総飾りやカーテンの総を帯として身にまとい、壁布の断片をフリジア帽にしてかぶる。女たちは、王妃たちのテーブルの上にあった香水をみつけだしてきて、自分たちの髪にびしゃびしゃにかけ、頬にはおしろいをぬる。肩はレースや毛皮で覆う。

頭はヘアーピンや宝石や花で飾る。彼女たちは道化芝居好みの突飛な装いで着飾ったのだ。彼女たちの一人が、槍を手に赤い帽子を頭にのせ、大玄関に立って数時間も動かず、唇は閉じ、目は一点をみつめ、自由の像のかっこうをしていた。彼女は売春婦なのだ。人びとは彼女の前を深い敬意を表しながら、行列をつくって通っていく。運命の気まぐれな裁きについての悲しいイメージである。つまり、売春婦は貧しき者の没落と富める者の退廃の生きたしるしである。秩序の整ったと称せられる時期に、富める者から恥辱を受けた彼女は、この革命のお祭騒ぎのなかで、自分の勝利の時をかなでる権利を持っている……」

アラン・フォールは、この情景に対して、これは掠奪ではない、道化芝居の色彩が濃厚な劇的即興であるとし、グロテスクなのは演じている者ではなく、パロディーと化したこの情景なのだ、と評する。一度だけ、富める者を嘲弄するために、貧しき者が富める者を演じているのだ、と。仮面舞踏会のオーケストラによって、突如としてひっくり返ってしまったチュイルリー宮殿に、関の酒場クールティユが押しかけてきたのだという(26)。この指摘は正当なものだと思う。そこには、集団の示す境界性が出現しており、それによって、民衆階層が置かれてきた地位と状況が、明白に確認されつつあるのである。

四人の男にかつがれた王座

もしダニエル・シュテルンの記している時刻が正しいものとすれば、この頃、市庁舎には臨時政府がラマルチーヌを中心として成立していた。市庁舎前のグレーヴ広場の民衆も引きあげ、そこからほとんどの人影が消えていた。街中からは何の不穏なざわめきも起こらず、もちろん、火災の発生もみられなかった、とされる(27)。

だが、ダニエル・シュテルンは、チュイルリー宮殿の群衆が次のような行動に移ったことを、詳細に描写している。すでに時は二月二十五日になっている。

「ついに三時頃になると、順番にその上に乗ろうとした反乱者の足によって踏みにじられ続けていた王座が、かつぎ出され、大階段をオーロジュ館の玄関へと降ろされた。人びとは勝利の行進を準備するのだ。太鼓が、どろどろと、異様な音をたてる。王の厩の二頭の馬が引き出され、それに二人の若者がまたがり、行列の先頭に立つ。王座は四人の労働者にかつがれて、その後に群衆が従う。こうして人びとは庭園、コンコルド広場、そしてすべてのブルヴァールを通っていく。群衆は槍の穂先に緋色の端切れや綾錦、絹の綾織、宮廷人の衣服やお仕着せを付けてかつぎ、銃剣やサーベルの先には、王宮の調理場や地下室からとってきた牛肉の塊やパン、脂身や空の酒壜などをつけてかかげ、マルセイエーズを歌いながら行進する。バリケードごとに行進は停止し、王座は舗石の土台の上にすえられ、民衆のなかの熱弁家の演壇として使われた。

最後に、行列はバスチーユ広場にいたり、王座は七月の記念柱の下にすえられると、太鼓が長く尾をひくような音で鳴り、薪になるような乾いた木の枝がもってこられる。それに火がつけられる。炎が明るくぱちぱちと燃えあがり、すぐに陽気なロンドの輪ができる。そのリズムは速くなり、勢いが増し、急テンポとなり、王座の燃えかすが、ひとかたまりの灰のなかに消えていくまで、拡がり続ける。このとき、歓喜の叫びが響きわたり、それを越えてすぐに戦士たちに向かって、革命の目標を呼びかける精力的な声が聞こえてくる。市庁舎へ！ 市庁舎へ！」(28)

この民衆の隊列は、どうみてもカーニヴァルの行列を、ほとんど型通りに示しているといえるだろう。パロディーと道化芝居をまねた演技行為がこの隊列を満たしている。おそらく、宮殿のなかで宮廷風の品々で仮装してしまった女や子供たちも、この行列に加わっているはずである。槍の穂先につけられた、おびただしい宮廷人の豪華な衣類は、そうした変身を象徴している。そしてサーベルや銃剣の先につけられたパン、牛肉の塊や脂身や酒壜は、飽食の祭としてのカーニヴァルを象徴しているようである。ただこのような豪華な仮装は、普段のカーニヴァルでは民衆には不可能なことだったから、この民衆蜂起によってのみ可能となった社会的地位の転倒を誇示している。これは、平等についての民衆の願望の表現であると同時に、それとの対比での民衆の生活現実を自己確認するものである。
とくに、二頭の馬の後に、四人の男によってかつがれた王座が、途上のバリケードの一つ一つにすえられて、その上で民衆が熱弁をふるい、最後にバスチーユ広場で、この王座が薪の上で焼かれ、人びとがそのめぐりでロンドの輪をつくるという演技的な行動は、カーニヴァルの行列が運んでいく藁人形をめぐっての演技行為そのままである。

カーニヴァルの藁人形

この藁人形を中心とするフランスのカーニヴァルの象徴的行為については、ファン・ヘネップが詳細に調べて、地方的な偏差のあることも指摘されている。藁人形は、マルディ・グラ、カルナヴァル、カラマントランやその他の呼び名をもっており、カーニヴァルの行列の中心にあって、馬やろば、多くは花などに飾られた田舎風の山車、まれには輦台《れんだい》や仮装した人物の肩、あるいは棒につるされて、運ばれていく。しかしこの運び方の違いは、そう重要なことではないとされている。藁人形は古着に藁をつめ込んで作られたもので、爆竹などがそれにつめられる場合もある。一般的にそれは庶民の風姿を表したものであるが、地方によっては特別の姿のものもあるし、その地方のある人物を象ったりする場合もあり、それを身代りとして制裁の対象としたりすることもある。

カーニヴァルの行列の中で、この藁人形はさまざまな悪罵を投げつけられる。それは地方によってさまざまだが、暴飲暴食を常とする者、妻や家族を台無しにしてしまう者、放蕩者、娘に色事をしかける者、酔っぱらって時間をつぶす者、といったことを表象するものとして、藁人形に悪口が浴びせられる。また人びとは、地域の住民集団が犯したすべての罪をこの藁人形に負わせて、罪の報いを受ける時が来たと藁人形に告げるのである。これは「法廷と判決についての民衆的パロディー」の演技を表す一定の様相を明らかにしているものだと、ファン・ヘネップは指摘する。こうした裁判に付され訴追を受けた藁人形は、積み上げられた薪の上に置かれ、火を放たれて燃やされる。これにも地方によっては、銃によって撃たれたり、地中に埋葬されたりと、さまざまなヴァリエーションが存在する。最後にロンドの輪ができるというのも、そうしたことの一つと考えられる。(29)

ファン・ヘネップは、以上のような点を詳細に記した後で次のようにいう。「藁人形を裁判に付し訴追するということは、明白に、気ままにふるまえる時期、つまり集団生活のきまりきった規則が一時的に宙づりになって棚上げされた時期に特徴的に現れる、豊かな一連のパロディーに属しているものである。……人びとは、気ままにふるまえるという、伝統に由来するこの時期を、平常時には集団が自分のために選びとった国家や政府の側から受けていた強制を愚弄するために利用するのである」(30)と。

ブルヴァールにひき出された王座

四人の男にかつがれた王座が、グラン・ブルヴァールのすべてをめぐり歩き、バリケードごとに舗石の上にそれがすえられて、民衆の一人がその上に立って熱弁をふるう。藁人形がそうだったように、王座はそれによって民衆の法廷にひき出され、訴追と判決を受けていたことになる。そしてカーニヴァルの形式どおりに、王座はバスチーユ広場で薪によって燃やしつくされて灰となった。

たしかにそれは、パロディーによって王権を嘲弄しつくすものであった。だが民衆蜂起によって王権は現実に崩壊していたのだから、この演技行為はパロディーによる嘲弄にとどまらず、それを通じて現実に遂行されたことを確認し、日常生活が棚上げにされ、自分たちが集団として境界性のなかにいることを示すものだったといえる。しかもこのような行動が、グラン・ブルヴァール全体をわたり歩いていくというかたちでおこなわれたことは、盛り場としてのブルヴァールが、動乱においては、民衆蜂起の主要な動向を最終的にさし示す場になったことを物語っている。

王座をかついだ行列が、コンコルド広場からブルヴァール・ド・マドレーヌへ、ブルヴァール・デ・ジタリアンからヴルヴァール・デュ・タンプルへ、この境界領域としての盛り場をこえて、バスチーユ広場へと進むとき、それは、パリ全体が境界性をもった領域として、日常性を棚上げされたことを象徴するのである。

このような境界性は、どのような方向にむかって越えられようとするのか、どのような現実を獲得しようとするのか。バスチーユ広場のロンドの輪の中から、「市庁舎へ！」という「革命の目標」を指示する声があがるのは、革命の情況がそのような段階にはいろうとしていたことを意味している。

「労働の権利」「労働の組織」の要求

民衆蜂起がバリケードの抵抗を実現させ、カーニヴァルなどによって秩序解体の自己表現とでもいえるものを生み出して、集団としての合意を形成するとき、事態は、議会の政治家たちの予想していなかった王政の崩壊と共和政の宣言へと行きつく。それはラマルチーヌの美辞麗句に色どられているが、政治家たちの小心翼々たる駆引きと、民衆蜂起に対する恐怖にかられたもので、かげろうの束の間のゆらぎにすぎない。

しかし民衆は未だ、この現実のなかで、積極的な自己主張をおこなっていないのである。だが二月二十五日の早朝、バスチーユ広場で王座を燃やしつくした民衆のなかから発せられた「市庁舎へ！」という言葉は、こうした積極的な自己主張にむかって民衆運動が進み出た第一歩を象徴していたとみられないことはない。この言葉がいかなる個人、また集団によって発せられたものかは明らかではない。しかしこのとき、以後の運動のなかできわめて重要な位置を占めることになる、北部鉄道会社の労働者七〇〇人の集団も加わっていたことは、事実として確かめられている。(31) 二月二十五日の正午過ぎ頃、市庁舎におもむいて、「労働の権利」「労働の組織」という、労働者にとって最初の積極的な自己主張を、政府につきつけたのは、これら北部鉄道会社の労働者を中心にした人びとであった。

彼らは、パリ市の北に隣接していたラ・シャペルの町に存在した、この鉄道会社の大きな車輌工場の機械・金属の職種に属する人びとで、労働者マルシュを先頭にした二〇〇人が、すでに二十四日から行動していた。このマルシュが二十五日の十二時半頃、機械工を中心とする二〇人の代表を連れて、強引に市庁舎の中に入り、政府メンバーの部屋にいたり、手にした銃の銃床をたたき、市庁舎前の群衆を指さしながら、次のようなことが書かれた要求書を提出する。

「労働の組織、保障された労働の権利。病いの場合、労働者とその家族への最低限の保証、労働者が労働できないとき、貧困から救済されてあること、しかもこれは、主権者たる国民によって選定された諸手段による。」

これは、革命において初めて現れた、「労働の権利」と「労働の組織」の要求である。政治家の声明などにみられる美辞麗句は、この要求のどこにもみられない。労働が保障されて貧困から救済されるという願望がそこにはある。しかし、それを実現する労働の組織と保障された労働の権利とは、どのような内容なのか。その点は決して「科学性」をもって明らかにされることはなかったであろう。しかし、「労働の組織」をめぐっての、その後の事態の展開は、これが、労働者による自立的な生産と労働の組織化のうえに社会を再構成しようというものであった。

しかしこのような労働者の自己主張は、民衆蜂起による生活圏に内在する抑圧の解体と、日常生活の流動化のなかで顕在化し、政治の場へと突出してきたものであった。したがって、このような彼らの自己主張が持続され強められ、社会の再構成をめざす基礎としての社会的な力を獲得するためには、少なくとも生活圏内部における抑圧の解体と既存の社会秩序の流動化は、さらに持続され深化されねばならないのである。こうして、都市の騒乱としての性格をもった民衆運動は、さらに展開されていくことになる。

4 路上の権利

民衆生活に根ざすもの

二月革命以降、六月の労働者蜂起に至るまでの時期において、三月十七日、四月十六日、五月十五日は、大規模な民衆の示威運動が展開された日として、しかもそれが二月革命の政治史のクロノロジーを段階づける意味のある事件として記述されている。

しかし、こうした事件として記述される民衆の示威運動にだけ目を奪われていると、二月革命期を支配した民衆の運動また蜂起の性格について、見落とされてしまう側面が多く出てくる。その運動や蜂起は、二月革命史のクロノロジーのなかに位置づけられることによってその性格をあらわにしているという以上に、より長期にわたって形成されてきた民衆の「文化」や民衆の「生活」、またその行動様式に深く根ざしながら、いわば「熟成」

されてきたものだった。民衆蜂起のなかで、カーニヴァルの形式をとる行動が現れるということを検討したのも、そうした行動がこの点を明らかにしうると考えたからでもあった。

しかしもちろん、カーニヴァル的なものだけが、こうした点を表現しているわけではない。民衆蜂起、また運動は、もっと重層的な「熟成」の結果である。そこで、民衆蜂起を支えているもう一つの層＝次元を考えてみよう。それは、それまでのパリの民衆において保持されてきた「路上の権利」とでも表現しうる伝統に属するものである。

花火・爆竹・カンテラの街頭デモ

そこでまず、一八四八年四月二日に、パリ新市長となったアルマン・マラストが各区の区長に発した、一つの通達をみてみることにしよう。

この通達は、騒然たるデモや集合がくり返しおこなわれ、それが不安をかき立て、労働と信用をひどい混乱におとしいれ、危機状況を持続させており、こういうデモや集会は禁止さるべきだという政府の宣言に言及しながら、街頭に秩序をもたらそうと呼びかけているものであるが、それは次のように言っている。「臨時政府の言明にもかかわらず、今夕刻も、またもや花火や爆竹が鳴らされ、カンテラ（角灯）がともされ、多数の集会がおこなわれている。こうした無秩序は見すごすことのできないものである。警告に抵抗する悪しき市民たちには、当局の威力を知らしむべきである。もはやこれ以上の長きにわたり、パリの平穏を、いかがわしい者たちのなすがままにしておくことはできないだろう。このいかがわしき者たちは、秩序の回復をさまたげるために、あらゆることを口実にしようとしており、民衆の穏和な態度と、民衆が権力の行使を一時的にゆだねて選出した人びとに挑戦しようとするかに見えるのである」と。こう述べた後、通達は、各区長にその区の騒乱を静めるために必要な処置をとるように指示し、とくに夕刻から夜中にかけての国民軍のパトロールの強化を命じている。また、夜間の照明を強制したり、爆竹を鳴らしたり、その他、公共の秩序を乱す者を逮捕するように指示している(32)。

これは、パリの新しい支配者、そして共和政の政府の、街頭で行動する民衆に対する敵意が、この段階であからさまになってきたことを示す文書である。この四月初頭の段階は、労働者も加入することになった国民軍の編成のために、労働者も含んだ各部隊での、士官と下士官の選挙がおこなわれようとしている時点にあたっている。そうしたときに、秩序維持の組織として各区の国民軍がまず第一に重要視されていることが注目される。秩序の回復は、やはりまずもって生活圏内部の抑圧を再建することであったのであり、この場合、革命前からの旧来の国民軍兵士が重要視されるであろう。当然、新加入の、銃を手にした労働衣の「兵士」との対立が生み出されるはずである。

ともあれ、ここで注目されることは、四月になっても、爆竹、花火、カンテラをともなった騒然たるデモや集会が街頭において日常的にくり返されていたという事実である。しかもそれが、爆竹、花火、カンテラといったものによって彩られているということは、民衆の行動には、いつもカーニヴァル的ないしシャリヴァリ的な伝統がつきまとっていることを示している。が同時に、こうした根強い路上でのデモと集会は、路上について民衆がもつ、彼らの生活と行動のなかから生み出され、保持されてきた、彼らに特有の意識に裏づけられたものだったと考えられる。

路上の生活

日常生活においても、パリの路上はとくに下層民衆の主要な生活の場であった。そして二月革命は、この点をいっきょに顕在化させるものだったことは、ミシェル・ペロの指摘しているところである。まず二月革命後、行商人や露店商が車道にまであふれ出る。これによって大きな打撃を受けるのは商店主たちであり、彼らは抗議の声を高める。行商人や露店商人はこの時期には、多少とも革命を象徴するような絵や武器、短剣、短刀、仕込杖などを売り歩き、警視庁の禁止令や処罰も効果をあげえなかったという。政治的なシャンソンも、わいせつなそれも、街角のシャンソニエによって花盛りとなる。街頭でのサイコロやトランプの賭事にも人びとは群がり、街角ごとに富くじの個人営業が現れる。こうしたことを路上から追放しようとする警察と路上の人びととの間には、喧嘩や口論が発生した。このような熱気を帯びた路上において、人びとの集会、議論、即興的なデモが、夜遅

路上の生活　P. Gascar, *Le Boulevard du Crime*, Hachette/Massin, 1980 より.

くまで拡がる。人びとは夜の路上を特に好んで徘徊するのであった[33]。

路上の呼売り人の筆頭に新聞売子をあげているアンリ・ダルメラスは、彼らは七月王政下に弾圧をこうむっていたが、二月革命でいっきょに「路上の旗頭」(maître du pavé)となったとし、「新聞呼売り人は、パリ中に、ブルヴァールから民衆街区までに、恐怖とデマと憎しみをふりまいた」と、悪意のある表現をしている[34]。

七月革命後の民衆運動が激化した時期にも、これと同じような状況が出現したことは、当時の警視総監ジスケの指摘しているところによって、十分に推察しうる。

彼は、七月革命後のきわめて深刻な騒乱の後、いつの場合でも抑止することは困難な性格の人民の奔流は、もう法の健全な枠のなかにもどることはがえんじない状況で、新しい権力に対する偏見と憎悪を抱いていたこと、またそれぞれは、自己の利害にもとづいて自由を無制限に利用しようとし、大衆は革命という事実自体によってそのような権利を獲得したと確信していたとしながら、その実例として路上の露店商の実態を挙げている。それは二万五〇〇〇から三万にのぼり、フランス各地からパリの路上に侵入し、河岸や橋、広場やブルヴァールを埋めつくしたとする。ジスケはこのような露店商の在り方を、次のように表現している。「われわれは自由である、と彼らは言っていた。われわれは商売がやりたいのだ。これと思うものを、どこであれ適当と思うところで売りたいのだ。路上はあらゆる人間のものである。人民はバリケードの革命以来、路上を占拠する権利をもつ」と。(35)ジスケは、こうしたことが、商店主にとっては脅威的な競争相手となり、また露店商に対する価格や品質などについての統制、監視をできなくさせているものだと述べているが、要するに、路上を占拠することが民衆の権利と考えられていることへの危機感を、彼は強く表明しているのである。民衆が路上を生活の場とすることは、それ自体で「路上の権利」と意識されざるをえないものであることを、また、こうして都市を管理しようとする者たちに対しては対抗的にならざるをえないものであることを、この指摘は明らかにしているのである。

ジスケは露店商のほかに、大道芸人、道化、街角のシャンソニエについても同様のことを言っている。広場、ブルヴァール、遊歩道を埋めるほどの増大、子供にまで不道徳な言葉をふりまく不都合さ、観衆で道路交通をさまたげ、スリを横行させることは、意図せざる犯罪であること、などなどをあげて、こうした路上の演技行為を非難する。だがそれが最も不都合なのは、ほんのわずかの民衆の集合が、社会的動揺の時期に深刻な無秩序を生む原因になってしまうような場合であることを、率直に指摘している[36]。

ジスケは明らかに、パリ民衆の中に「路上の権利」とでも呼ぶべき意識が存在していることに気がついている。それは社会的動揺の発生とともに「無秩序」つまり民衆運動を生じさせる原因になると彼は考えている。

しかもこの「路上の権利」の問題は、ただ呼売り商人や露店商、大道芸人やその他の見世物などを路上で演じる人びとだけに関係していたわけではないことも明白である。それは、すでにしばしば参照されることのある、パリ商工会議所の一八四八年の労働者調査の指摘が、簡明に言いあてているところであった。つまり、「特に最も困った結果をもたらすのは、パリ住民全体にいきわたっている戸外での楽しみ、そうぞうしい集会や見世物をみて楽しもうという欲求である。同じ程度の費用をかければ得られる家庭生活のなかでの充足感でよしとする連中はほとんどいない」と、それは指摘する。当時の一部屋だけの労働者の住居であってみれば、それは必然的なことなのである。したがって、「徒弟ですらちょっと雇主のところからぬけ出して、ブルヴァールの芝居小屋前の道化劇や、またいたって不道徳な芝居をみてくることができる」ということにもなるのだ。[37] こうした生活においては、「路上の権利」はすべての民衆の意識に内在化していたものなのである。

コルポラシヨン運動の形成

このようなパリ民衆に内在していたとみられる「路上の権利」に関する意識、あるいは心的な態度は、二月革命期の民衆運動のなかでも重要な部分を占め、自発的な組織性を最も顕著に示すようになっていったコルポラシヨンの運動においても、その形成を支える大きな要因になっていたと考えられる。

コルポラシヨンの運動は、労働者がそれぞれの職業・職能を軸として結集し、労働に関する多様な要求を提出し、ストライキ運動をも展開することになったものである。この運動形成の契機は、労働者が初めに提起した「労働の組織」の要求に対応するために、政府がルイ・ブランを議長として、労働の問題を検討するために形成された、「リュクサンブール委員会」が出した要請であった。それは、この委員会の労働者代表を、各コルポラシヨンつまり職能集団ごとに選出するようにという要請であった。[38] これを契機にコルポラシヨン形成の運動は急激に拡大した。七月王政期を通じて、労働者の職能ごとの組織、とくに争議行為をおこなうものは、必ずしも強固な組織実体をともなうものではなかった。二月革命直前の段階で、組織をなしていたものは、印刷工、宝石細工職人、帽子製造工、壁紙着色工、製靴工などに限られていたという。それが、二月革命期になると、広汎な職業・職能にいっきょに拡がった。それも熟練労働者のみでなく、路上のプチ・メチエといわれる、河岸の荷上人夫、屑屋、便利屋、水売りのような下層民衆、さらに二、三〇〇人の呼売り人までが、各区ごとに三人の代表を「リュクサンブール委員会」に出して、路上での呼売りの権利を主張したのだった。

しかし、こうした運動の爆発的な拡大というものを、単に「リュクサンブール委員会」のルイ・ブランの要請という外的要因に帰することですますことはできない。このような急激な展開は、また単に労働者の利益追求という現実的な要因のみに帰することも、一面的である。もう一つ重要なことは、二月革命までに形成されていた労働者の心的な態度、とくに「路上の権利」についての心的な態度が、ここで大きく作用していると考えられるのである。

二月革命が三月の段階に入ると、上述のごとく、さまざまな職業・職能でコルポラシヨン形成の運動が連日のように展開されるのだが、この場合の最も大きな特徴は、それが常に路上の集会という形をとったという点であった。この特徴を初めて指摘したのは、レミ・ゴセーズの研究であった。ゴセーズは次のように指摘している。「ある運動は、サン＝シュルピス教会の地下埋葬所で開かれた石工の三つの集会のように、予期せぬようなところでおこなわれたことがあったとしても、一般的には公共の広場や一定の街路、また就労の機会を得る場となっていた特定の居酒屋の建物の中やその前で展開された。夕刻から夜にかけて、昼間に集会をもった労働者たちは、集団となって路上を端から端まで歩きまわった。」(39)

ゴセーズの引用するところでは、当時の新聞『プレス』の三月九日号は、このような状況を次のように書いているという。「労働者の集会と代表選出は数を増大させているが、騒然たるものではない。それはここで喜んで特筆すべき事実である。今日は二〇〇〇人の労働者がリュクサンブールに向かい、ルイ・ブランに面会を求めた。十五時に他の集会が、カルーゼル広場で開かれた。そして今夕刻、大きな集会がマダム街であるはずである。なかんずく数日来、あらゆる広場は、労働者の境遇がすみやかに改善されること、という共通の考えのもとに集まった労働者たちの、静穏だが深刻な光景を呈している。……この時点で心を高ぶらせている労働者たちは、次のような共通の理念によって動かされているようにみえる。それは、政府によって定められ、議会で法制化された賃金表にもとづいて賃金を確定すること、ということである。今日は、パレ・ロワイヤルの庭園に集まった石切夫たちが、自分たちの職業にかかわる賃金表のさまざまな点について討議していた。」

三月十一日になるとこの新聞は、自分で静穏だと指摘したこうした集会を非難するにいたっている。「隊列を組んだ彼らの行進と、彼らの戸外の集会は、それが全く平和的なものであれ、すべての利害に危険を及ぼさないというわけのものではない」と。

「労働の権利」と「路上の権利」の結合

新聞『プレス』は、コルポラシヨンの運動を形成する労働者たちをつき動かしていた共通の理念が、賃金表の確定にあると指摘している。またゴセーズの研究も、この運動形成の過程で、きわめて多様な労働条件改善を要求する申立てが、おびただしい文書となって、リュクサンブール委員会に殺到していたことを実証している。同一の職業・職能ごとに結集した、リュクサンブール委員会への代表を選出する運動の急激な拡大が、このような労働の具体的な実体につき動かされて実現していたことは、疑いえないことである。だがそれは、何故にこのコルポラシヨン形成の運動が、広場や一定の街路、居酒屋の前といった、路上における集会と行進する隊伍といった行動様式をとるのか、を説明するものではない。

この行動様式を必然のものとしているのは、労働者たちが、「路上の権利」を自分たちの生活に密接にかかわる重要なものだと意識していたことによっている、とみる以外にはないのである。重要なものと意識していたというより、生活のなかで身体のなかにすでに刻み込まれていた心的な態度だといった方がよいだろう。それは、広場、一定の街路、特定の居酒屋といった、具体的なパリの生活圏のイメージに裏うちされているものでもあった。コルポラシヨンの運動の形成においては、きわめて具体的な労働の実態に根を置く

「労働の権利」についての欲求と、こうした「路上の権利」に対する心的態度というものが結合することによって、その運動が爆発的な展開をとげたとみることができるだろう。というのも、こうした「労働の権利」についての欲求と、「路上の権利」に対する心的態度の結合は、七月王政下のパリのストライキ運動において次第に定着しつつあったという事実が、その背後に存在するからである。

七月王政期のストライキ運動については、一八三〇～三三年にわたる八九件のストライキを検討したアラン・フォールの研究[40]が、その行動様式を明確に特徴づけるものだった点が、ここでも想起される必要がある。彼はまず、そのストライキ運動が事前の組織や周到な計画によって実行されたものではなく、「即興的な運動」であると特徴づける。こうした運動の行動様式は、まず、職能を同じくする少数の労働者が職場に回状をまわす。それが、関の酒場での労働者の集会を出現させる。集会では、議長や資金担当者が選ばれ、デモ隊の編成がおこなわれる。しかしストライキが実現するのは、この関の酒場から市内に向かっておこなわれる街頭行動によってである。この行動は、街頭から職場へ、職場から街頭へとおこなわれ、仕事場で働いている労働者に仕事の放棄を訴えるものである。威嚇や暴力が行使される場合もあり、警察の抑圧がおこなわれるのも、ストライキのこの局面であるという。

こうしてストライキの実現が可能となるのだが、この過程で最終的に事態を決するのは街頭行動なのである。七月王政初期には、個々の職業・職能の労働者が、それぞれこのようにしてストライキ行動に出るのだが、一八四〇年のパリのストライキは、こうした街頭行動が、諸職能において同時多発する事態となった。いずれにしても、職能ごとに生み出されるストライキ運動において、街頭行動はその成否を決する位置にあり、同時にこの行動は、他の職能の労働者の面前で公然とした姿をとって現れるという点で、ストライキ運動を象徴する位置にあるといえる。こうして街頭行動は、路上において行動の自由の空間を実現することでもあるから、「路上の権利」についての心的態度が、激しい行動として表出されているものであり、また同時にそうした心的態度をさらに深く身体に刻みつけるものでもあった。

このようにして職能ごとに展開されたストライキ運動は、賃金表の問題を中心とする労働の実態に根をおろした要求行動と、「路上の権利」を求める心的態度、そしてまた、こうした心的態度を表出する行動との結合の上に成り立っていたのである。七月王政期に定着したストライキの行動様式は、このような「労働の権利」と「路上の権利」の結合を常とするものだったということは、二月革命期のコルポラシヨンの運動の形成において大きな力を発揮していたようにみえる。

つまり、二月革命にいたって、同一職能の労働者がその職能に関する要求をかかげて路上で集会し行動するということは、ほとんどすべての労働者にとって、すでに直接的な理解可能性をもつものとなっていた。それは、ストライキ運動の出現とすぐさま理解されうるような象徴として定着していたということであろう。したがって、革命直後の抑圧が解体したかにみえる状況のもとで、ひとたび、ある職能の労働者の路上でのこのような象徴的行動がとられるとき、爆発的にほとんどすべての職能の労働者にコルポラシヨンの運動が拡がることになったと考えられる。二月革命期のコルポラシヨンの運動は、こうして、常にストライキ運動の質をもち、またそれをめざす組織の形成へと向かうことになる。

5　境界領域の再現

諸事件のクロノロジー

一八四八年の二月革命を実現させることになった民衆蜂起や労働者の運動は、以上にみてきた事例によってもわかるように、十九世紀のパリの民衆生活のなかではぐくまれてきた生活のサイクルや行動様式、また心的態度によって支えられているものであった。それは、新しく形成された盛り場を背景としつつ十九世紀になって再び活性化してきたカーニヴァルに内包される、さまざまな象徴や演技行為の活力に支えられるものであったり、路上が民衆生活にとってもつ重要な意味と、それに対する民衆の心的態度によっても支えられ、それがストライキ運動の象徴作用において重要な位置を占めていたことなどが、運動

3月17日の労働者のデモ　G. Bourgin et M. Terrier, *op. cit.* より.

の爆発的ともいえる拡大の要因になっていたのである。さらにもっと長期的な波動のもとで考えなければならない問題も存在する。

しかし今ここでは、こうした社会的な底流のなかで、表層に浮上してきた事態について、簡単にみておくことから始めたい。

三月十七日、約二〇万の民衆が政府にむけてデモをおこなう。この大規模なデモは、ブランキの指導する中央共和協会や人間の権利協会、中央友愛協会などの革命クラブとコルポラシヨンの運動のなかから出現してきた活動家によって主導されたものであった。そこで要求されたことは普通選挙と国民軍士官の選挙の期日の延期であり、保守勢力に対して共和

オーギュスト・ブランキ　A. Dayot, *op. cit.* より.

政の政府を支持することをも表明していた。選挙期日の延期の要求は、このまますぐに選挙に移れば保守勢力の進出が予想されたからで、革命家ブランキなどは普通選挙の無期延期を主張していた。

このような大規模なデモが可能となったのは、革命的クラブやコルポラシヨンの活動家の組織化の努力があったからではあるが、社会的には、すでにみたようにパリの路上が民衆の支配するところとなっていたからである。したがって、この日の民衆の態度には、祝日の日のような晴れがましさが現れており、各コルポラシヨンのかかげる旗もリボンでかざられ、労働者は小ざっぱりした服をつけて参加していた。

しかし、四月五日を中心とする国民軍の各中隊ごとの士官・下士官の選挙は、旧来の国民軍メンバーが幹部として当選する結果となり、労働者・民衆が国民軍組織を主導することは不可能となり、生活圏内の抑圧が再建されていく。

四月十六日に再び、人間の権利協会などのクラブとコルポラシヨンの活動家が組織した「セーヌ県労働者中央委員会」が民衆デモを呼びかける。この日は国民軍の上層部の士官選挙の日であり、そのためにシャン・ド・マルスに集まった民衆が、市庁舎の政府にデモをおこなう。この日の民衆の態度も、共和政の政府を支持するものだった。しかし政府は国民軍に非常召集を命じ、デモ隊は市庁舎前の国民軍の威圧に圧倒され、解散していく。これで民衆運動は曲り角に立つことになった。それは、民衆が路上における行動の自由を次第に失っていくことを意味していた。

四月二十三日の議会選挙は地方の名士層を大量に当選させ、保守勢力が政治のなかに地歩を占める。五月六日、ルイ・ブランが「リュクサンブール委員会」の議長を辞任し、この委員会は事実上その機能を停止した。

そして五月十五日、バルベスを中心とする諸革命クラブの主導のもとに、ポーランド独立支援を訴える民衆デモが組織され、これが議会の議場に侵入し、混乱状態のなかで国民軍の非常召集によって鎮圧される。パリ市庁舎におもむいて新政府を立てようと叫んだバルベスをはじめ、ブランキ、ラスパイユ、ユベール、アルベールらの革命家がいっせいに検挙され、ヴァンセンヌ城に監禁される。左派のコーシディエールもパリ警視総監を辞任し、ルイ・ブランの政治的生命も終りとなる。この事件後の議会で、革命当初に政府が失業者を救済する目的で設立した国立作業場の解散の方策が提案される。この解散の決定が、六月蜂起の引き金となるのである。

路上の監視

このような諸事件のクロノロジーは、民衆運動がブルヴァールの表舞台から民衆居住街区のカルチエ＝界隈へと次第に追い込まれていく過程を示す道標となっていた。五月十五日の事件以降、大規模な民衆の行動を組織することは不可能になった。それだけでなく、三月段階におけるように、民衆が「路上の権利」を自由に行使しうるような状況も後退していく。秩序が次第に路上を制していくのである。これは警察の報告で明らかになることなのだが、民衆の路上での集合に対する、きわめて厳重な監視と、国民軍や軍隊のたび重なる出動となって、具体的に現れてくる。

このような五月末からのパリの状況一般については、パリ警視総監がほとんど連日にわたり政府に提出した状況報告、また警視カルリエの報告が、あからさまに示しているところである。(41) しかしそれでもなお、さまざまな地点に小規模な集合が出現していることも明らかになっている。例えば六月一日の警察の報告は、サン＝ドニ街、プチ＝リオン＝サン＝ソヴール街の入口、市庁舎前広場、ヴォージュ広場、バスチーユ広場、フォーブール・サン＝タントワーヌ街、ブルヴァールとパ・ド・ラ・ミュール街の角、パンテオン広場に、いくつかの小集団が形成されていると述べている。これらの小集団は全体として有害なものではなく、「労働の組織」、国立作業場、ルイ・ブランに対する弾劾要求が出されている問題、そして間近に迫っている議会補欠選挙の問題が話し合われている、と報告している。六月二日には、「さまざまな集団で討議されている問題は、常に同じものである。……サン－ドニ門の集合の中核となっている、騒乱をひき起こそうとする者たちは、明らかに国民軍と労働者の間に衝突を生み出そうと目論んでいた」(42)と指摘する。

このような警察の具体的な内容の報告には、しばしば不安にかられた噂にもとづく情報も書き込まれており、混乱したものですらあるのだが、路上への監視の目がゆきわたりつつあること、さらに危険となった地点への軍隊や国民軍の出動をいつでも要請しようという攻撃的な姿勢をもって書かれている。

これは、二月革命の三月から四月にかけて、民衆が「路上の権利」をその手にした状況が逆転しつつあることを、明らかに示していた。二月革命において民衆蜂起はカーニヴァル的な状況をも出現させることによって深化・拡大したことをみたわれわれは、その民衆蜂起が、カーニヴァルに内包される、集団によって示される境界性を出現させ、それをパリの街全体に拡大していくものだと理解したのであった。この理解に立つとすれば、この五月末以降の状況は、こうした境界性そのものが縮小しつつあると考えられるものである。

ブルヴァール・デュ・タンプルに集まる民衆

このようななかで、きわめて注目すべきことは、ブルヴァール・デュ・タンプルが再び境界領域としての様相を帯び始めたようにみえることである。しかし今度は、盛り場、祝祭の場としての境界性ではなく、「路上の権利」を土台とする民衆蜂起に向かっての境界性が、そこに出現してきたようにみえるのである。それは、この地点、具体的にはブルヴァール・デュ・タンプルに隣接する、サン＝マルタン門とサン＝ドニ門の広場に、五月末の段階から民衆の集合が集中するようになっていき、この群衆の存在は、「路上の権利」を再び奪われつつある民衆がそれをとりもどそうとする意志を表現しているかのごとくにみえるからである。

実際に民衆側にとっても秩序側にとっても、これは直面する危機の焦点となって立ち現れており、民衆蜂起の予兆とすらなっていた。そこで具体的に問われていたこと、つまりこの地点でくり返される群衆と当局者との衝突のなかで争われたことは、「路上の権利」にかかわることであったのである。以下において、こうした点を、多少とも詳細にみてみなければならないだろう。

サン＝ドニ門、サン＝マルタン門の群衆の動き

ここで再び、パリ警視総監がパリの群衆の状況に関して政府に提出した報告をとりあげ

てみる。

それによると、ブルヴァール・デュ・タンプルに隣接するサン-マルタン門およびサン-ドニ門の広場での群衆が危険なものとして注目され始めるのは五月二十九日からのことだったことがわかる。そしてこの群衆が日ごとに強大化し、当局側の最大の関心事になっていったことが、そこにはっきりと表現されている。この点を警視総監の報告によって、多少くわしくみてみよう。

五月二十七日と二十八日の報告は、国立作業場の総監であったエミール・トマが逮捕されボルドーに連行されたという事態が、国立作業場の労働者の結集をもたらし、反政府的行動が生まれるのではないかという噂が流れていることと、それと思われる不穏な動きを伝える。五月二十七日の報告は、多くの集団がブルヴァール・デ・キャプシーヌからブルヴァール・デュ・タンプルまでの大通りの各地点に出現しているとするが、とくにサン-マルタン門とサン-ドニ門での群衆の形成が交通の障害になっていると指摘し、国民軍のパトロールが群衆のなかにわけ入ってそれを制御しようとするが、すぐにもとの状態にもどってしまうとしている。しかしながらすぐ続けて、「この群衆はきわめて静かなものである。歎かわしいような事件や混乱は起こっていない」と記している。

ところが五月二十九日になると、噂になっていた国立作業場の労働者の行動は発生していないとする一方で、報告は、サン-ドニ門とサン-マルタン門の群衆の動きがきわめて

国立作業場の労働者　シャン・ド・マルスでの土木工事　G. Bourgin et M. Terrier, *op. cit.* より.

深刻なものになったことを次のように告げている。

「夜の九時頃、国民軍第五軍団が、いくつかの街路からサン－ドニ門、サン－マルタン門の広場に進出して、人びとの集合を追いちらした。この群衆は、前日までとはうって変わって、おびただしい数のものであった。国民軍の進出で、この集合した者たちは歩道に後退し、次のように叫びはじめた。『商売人の機動隊をやっつけろ！』九時半、一人が国民軍の太鼓をたたき破った。そこで国民軍の前列は銃剣を斜めにかまえることを余儀なくされた。強力なパトロール隊がブルヴァールをたえず巡回する。」

ここで「商売人の機動隊」という叫びがあげられているが、これは群衆がつくり出した言葉である。「機動隊」(municipaux) は、これまでは、パリ警視庁の機動隊を指すものだったのが、ここで「商売人の」(patenté) という言葉がつけられることによって、商店主層を中心に再び生活圏内の抑圧として登場した国民軍を皮肉る言葉となったものとみられる。

以上のように述べた後、この報告は、きわめて激しい動揺が、サン-ドニ門からさらにブルヴァール上を西に行ったショセ・ダンタン街のところまでにわたって、ということはブルジョワの盛り場たるブルヴァール・デ・ジタリアンにまで発生していることを指摘する。そして、このブルヴァールのヘルダー街との角で召集太鼓をならしていた国民軍第二軍団の兵士が、一人の男（それは、国民軍の下士官とも、国立作業場の労働者であったともいわれていた）におそわれ、太鼓に穴をあけられ、服が引き裂かれたといっている。事あれかしと思う者がこの男を支援するが、正規軍の部隊に追い散らされたという。

こう書いた後に、報告は再びサン-ドニ門付近の状況にもどり、さきに引用したのとほぼ同じような群衆についての指摘をくり返す。ただ、その群衆のなかには「悪しき意図をもった多数の男たちが存在した」こと、群衆は「商売人の機動隊をやっつけろ！」と叫ぶと同時に、「ブルジョワをやっつけろ！」「アリストクラートをやっつけろ！」と叫んでい

左端がサン－マルタン門劇場，中央がサン－ドニ門，右端がサン－マ

たこと、数件の逮捕がおこなわれ、夜の十一時半にようやく群衆は一〇〇人ほどとなり、深夜になって、ブルヴァールから人影がなくなったことが、新しく書き加えられている(43)。

この五月二十九日の報告は、その他の地点での労働者や小さな集合体の動きが指摘されてもいるが、重大化しているのは、このブルヴァール上のサン－ドニ門、サン－マルタン門における群衆であることを、初めて詳細にしたものであった。

騒乱の様相

翌五月三十日の報告では、「あらゆるところで完全な静穏状態が支配していることを、すべての報告が一致して言明している。集会がおこなわれているという情報は全くない」とされる。しかしすぐ続いて、「ところがそれとは反対に、サン－マルタン門では三〇〇人、サン－ドニ門では五〇〇人の集会があった」と指

サン－ドニ門，サン－マルタン門を中心とするブルヴァール
ルタン門　J. Russell, *Paris*, Albin Michel, 1984 より．

摘される。そしてこの夜の様相は、ますます波瀾に富んだものになっていることが語られる。夜八時十五分頃に、サン－ドニ門の群衆に、共和衛兵の中尉マルタンが馬に乗って近づき、印刷物の入った紙包みを投げる。それは単に選挙リストにすぎないのだが、この中尉をつかまえようとする者と護ろうとする者の両方が群衆のなかに現れ、マルタンは逃走する。マルタンは警察に逮捕される。八時三十分には、国民軍総司令官のクレマン・トマが一二名の護衛を連れて馬に乗って現れる。馬から降りて集団の中に入った将軍は、群衆に帰宅をうながす。群衆はこれを喚声で受け容れたようにみえたのだが、一部の群衆が立ち去った後には、新たな群衆がやって来て、以前よりも三分の一ばかり、その数が増大する。十時三十分、マルセイエーズが歌われ、「民主共和国万歳！」「バルベス万歳！」「アンリ五世万歳！」の叫びがあがる。ようやく十一時十分に群衆の数が減少する。正規軍第六八大隊に支援された国民軍の一中隊が到着し、群衆を追い散らす。

状況はきわめて流動化してきたことを、こうした報告の内容は示している。ここに出てくる共和衛兵は、前警視総監で山岳派のコーシディエールが設立した、治安のための部隊なのだが、その一中尉は、山岳派の選挙リストを配布しようとしたのだろうか。彼に対する群衆の態度に差があるのはどのような意味を持つのか。バルベスのような革命家を支持する声とともに、ブルボン王党派のシンボルであるアンリ五世の名を叫ぶ者もいるのである。群衆の政治の世界に対する態度は、きわめて多様で素朴なものがあるのであろう。しかし共通するのは、「路上の権利」を譲り渡すことはできない、という社会的・心的な態度だと考えられる。

したがって、群衆の示す政治への態度がどのようなものであれ、この群衆は秩序にとって危険なものなのであり、国民軍総司令官のクレマン・トマが自身で解散を説得するという光景は、この地点の民衆の集合が、内乱の予兆として重大視され始めたことを示している。正規軍第六八大隊の出動も指摘されることになっている。パリ市古文書館に存在する、この地域のあった第六区区役所の文書の中には、五月三十一日に政府の書記が区長に宛てた通信が残っている。その通信は、サン-ドニ門、サン-マルタン門における集合の形成を阻止すべく、国民軍のパトロール隊に区長自身が加わることを要請しており、国民軍、遊動隊、正規軍に出動命令が出ているとつけ加えている。(44)

六月四日の報告にも同じような指摘があるが、六月七日の報告では、群衆の行動は、あたかも頂点に達したかのごとき様相を示している。少し長くなるが、警察の報告を引用してみよう。

「昨夜、サン-ドニ門の側からやって来た約五〇〇人からなる集団が、バルベス万歳！ の叫びをあげながら、マドレーヌ聖堂の方向にむかった。そしていっとき外務省の前にとどまり、引き返していった。人びとはこのデモ隊の出現によって重苦しい気分にさせられたようだった。勇気ある市民がこれらの煽動家たちを罵ったが、危害を加えられることはなかった。

九時から十時にかけてサン-ドニ門の騒乱の集団は増大しつづけた。サン-マルタン門からオートヴィル街までのブルヴァール上には群衆が密集していた。交通はとまった。集団の中から、バルベス万歳！ の叫びがあげられていた。十時四十五分頃、国民軍、遊動隊、正規兵の分遣隊が、区長と警察署の警視を先頭にして、多方面から進出したが、野次と口笛に迎えられた。しかし部隊は太鼓をたたき、突撃の歩調でやって来た。解散命令が出された。群衆は逃げ散ったが、たえずまた集まってきた。つまり群衆はその位置を変えただけだった。数件の逮捕がおこなわれた。バルベス万歳の声がしばしばあがった。騒乱を事とする者たちは、前日までにもまして、ずっと感情を高ぶらせていた。多数の者は受身の抵抗をおこなった。深夜になり、正規兵の一大隊がサン‐ドニ門に常駐することになり、それには区長と警視も加わった。ブルヴァール・サン‐ドニは、その広い大通り全体が、正規兵の分遣隊によって遮断された……」(45)

バルベス G. Bourgin et. M. Terrier, *op. cit.* より.

蜂起のきざしと抑圧の組織化

右に引用した六月七日の警察の報告で、まず注目されるのは、その最初の部分であろう。そこには、ヴァンセンヌ城に監禁されている革命家バルベスの名を叫びながら、サン‐ドニ門から、ブルジョワ地域のブルヴァールへと進み、外務省前へと進出した五〇〇人の集団の行動が記されている。外務省前とは、いうまでもなく、二月革命の当初、二月二十三日夜に銃撃事件が発生した場所である。このとき、そこであのカーニヴァルの山車の形式によって死者を運ぶ隊列が形成され、サン‐ドニ門へと進んでいったことは、すでにみたところである。この民衆蜂起の拡大と激発を誘発することになった隊列の記憶が、今ここで、マドレーヌ方向にむかう集団のなかによみがえってきているのではなかったろうか。

ただ二月革命の当初においては、生活圏内部の抑圧としての国民軍の存在は崩壊し、路上における行動の自由がひらかれていくという状況のなかで、ああした行動が生まれることになったのだが、今ここでは、「路上の権利」が奪われつつあり、民衆はサン＝ドニ門へと追い込まれるような形になっており、それは、パリ市街全体にひろがっていた境界性が境界領域におし込められつつあることを象徴するような事態のなかで発生している行動であった。このような点で、マドレーヌ方向へと進出する集団は、二月革命当初とは逆に、縮小しつつある行動の自由を、サン＝ドニ門、サン＝マルタン門という境界領域から、もう一度拡大しようとする意図を内包していたとみなさざるをえない。そのような民衆に内在する意志をこの段階でブルヴァールという場において表現しようとするものといえる。それは、都市空間においてブルヴァールがもつ象徴性とこの集団がとる行動の象徴性とが二重になって立ち現れているといえるであろう。

このようにみるならば、秩序の側にとっても、もはやこうしたサン＝ドニ門の群衆は、民衆蜂起のきざしとして現れていた。それは反乱の予兆であった。したがって、サン＝ドニ門、サン＝マルタン門を焦点に置いた抑圧の組織化が進行する。右の警察の報告のなかで、国民軍、遊動隊、正規軍の出現とともに、群衆に解散命令が出されている。この命令は、まさにこの六月七日に成立したばかりの、「不法集合取締法」にもとづくものである。この法にもとづかなければ、路上の群衆に解散命令を出す根拠は、革命後のパリにおいては、きわめて薄弱なものだったからである。この法律は、解散命令に従わない群衆はいっせいに検挙されうることを規定しており、とくに武器を所持していた者は厳罰に処せられることになるものだった。政府はこの法律にあわせて、この日より、正規軍、国民軍、遊動隊を本格的な動員態勢のもとに置いた。

こうして六月七日以降、サン-ドニ門、サン-マルタン門における逮捕者は急増する。警察の報告に出ているところでは、八日と九日の両日で一三四人、十日に一〇四人、十一日には、ブルヴァール上の集合地点が軍隊によって包囲され、約七五〇人が検挙された。この時には、煽動者の会合の場所としてマークされていた(46)この付近の「グラン・バルコン」というカフェも同じように包囲されたと指摘されている。

路上の集合は民衆のクラブ

六月七日に「不法集合取締法」が成立する前後から、民衆の利益を代弁していると自負するいくつかの新聞は、この法律を激しく非難し、サン-ドニ門、サン-マルタン門に集合する群衆を民衆のクラブであると指摘することになる。

まず、ラコロンジュを発行者とする新聞『ロルガニザシヨン・デュ・トラヴァイユ』の主張をみてみよう。ラコロンジュは、六月蜂起において、フォブール・サン＝タントワーヌ街の蜂起を指導したオルガナイザーとして注目される人物で、第八区の区役所を占拠し、この街区の反徒のなかに、大規模な軍事組織を形成しようとしたのだった。その際、街区の国民軍幹部を、自宅から銃をつきつけて区役所に連れて来させ、その指揮をとるように要請したのだった。この点で、民衆蜂起に際し多数出現してくるアジテーターとはいささか異なる、オルガナイザーとしての資質をそなえていた人物なのであった。

このラコロンジュを発行人とする新聞『ロルガニザシヨン・デュ・トラヴァイユ』は、一八四八年六月三日の第一号から、六月蜂起のさなかの六月二十四日の日付をもつ第二三号まで、毎日発行されていた。この新聞は、六月七日に「不法集合取締法」が成立すると、翌日の紙上で、この法律が一八三四年に出された弾圧法よりも厳しい内容だとしつつ、「白色テロル」だと表現している。(47) この新聞は民衆の「路上の権利」をきわめて重要視していて、六月五日の第三号に、すでに「集会の権利」と題する文章を第一面にのせ、「街路はすべてのクラブのうちの最良のもの、最も神聖なものである」と強調していたのである。この文章には次のように書かれている。

「ブルジョワ諸君よ、諸君は何を欲しているのか。人民は諸君のように金ぴかで花に飾られた部屋など持っていないのだ。サン＝マルタン門、サン＝ドニ門、バスチーユ、こうしたところが、人民が好んでおもむく集会の場なのだ。人民は好んで夕刻、そこに集まるのだ。支配者が昼間やったことを、少しばかり話し合うために。これは人民の権利であり、われわれはしばしば、この路上の人民の演説の一節のほうが、議会の壇上の雄弁よりもずっと道理にかなったものであることに、心打たれるのである。人民は平静であり、賢明でもある。それなのに諸君は銃剣の林を立ててやってくる。どんな権利が諸君にあると言うのか。……(48)」

サン＝マルタン門、サン＝ドニ門の広場の群衆に、この新聞がみているのは、まさしくこのような「路上の権利」なのである。

もう一つ、労働者自身の手によってやはり六月になってから発行された新聞『ジュルナール・デ・トラヴァイユール』をみてみよう。この新聞は、コルポラシヨンの運動のなかから出現してきた活動家たちにより発行されたものである。六月にはいって、彼らはさまざまなコルポラシヨンを連合することに努め、ストライキ運動などを相互に支援すると同時に、自立的な生産と消費のための協同組織＝アソシアシヨンの形成を提案した人びとである。彼らはまた多様な職能からの代表よりなっていた。この新聞の第一号は六月四日に発行され、六月二十二日から二十五日までの日付をもつ第六号で終わっている。この新聞は六月八～十一日の日付をもつ第二号で、上記の労働者集団の宣言を発表し、アソシアシヨンの形成を呼びかけているが、この号には、「パリの様相」と題する文章がのっており、やはり路上の集合をクラブと表現している。この記事は、この一週間というものパリは極

11 Juin 1848. Prix : 5 centimes. 1re année. N° 11.

LE TOCSIN DES TRAVAILLEURS.

ABONNEMENT. Paris : 18 fr. — 9 fr. — 4 fr. 50. Dép. : 30 — 15 — 7 50. Rue du Bouloi, 26.

COMITÉ DE RÉDACTION. Emile Barrault. F. Delente, ouvrier. Affranchir.

SOMMAIRE. — Intrigue partout. — Le maire souverain. — Le triumvirat. — Séance de l'Assemblée. — La fraternité du National. — Petite recette. — La multitude. — Avis. — Faits divers.

PARIS, 10 JUIN.

INTRIGUE PARTOUT.

L'intrigue nous envahit, ...

jour à la liste civile. En y restant, il aurait eu l'air du rat retiré dans le fromage de Hollande. Un rôle actif était plus digne de ses talents, ce rôle était indiqué par l'esprit de sa feuille.

Il y avait longtemps que l'école politique du National était surnommée le gant jaune de la République ...

L'ORGANISATION DU TRAVAIL.

JEUDI 8 JUIN 1848. 1re ANNÉE. — N° 6.

JOURNAL DES OUVRIERS.

Paris, 7 Juin.

8 au 11 Juin 1848. Prix : 5 centimes. 1re année. N° 2.

Organisation du Travail par l'Association.

JOURNAL DES TRAVAILLEURS.

Plus d'exploitation de l'homme par l'homme

FONDÉ PAR LES OUVRIERS DELÉGUÉS AU LUXEMBOURG.

Paraissant le Dimanche et le Jeudi.

Bureaux provisoires : rue Constantine, 11. — Les Manuscrits ne sont point rendus et doivent être signés.

Conditions de l'abonnement : Paris : 4 fr. — Départements : 7 fr. Les Corporations d'ouvriers sont invitées à communiquer des renseignements.

SOMMAIRE.

Manifeste des Délégués des Corporations. — Les Grèves. — Nos amis les ennemis et les Ateliers nationaux. — Un acte de clémence. — Nouvelles des Corporations. — Bulletin de l'extérieur. — Physionomie de Paris. — Avis divers.

PARIS, 8 JUIN.

MANIFESTE des DÉLÉGUÉS DES CORPORATIONS (Ayant siégé au Luxembourg) AUX OUVRIERS DU DÉPARTEMENT DE LA SEINE.

FRÈRES,

Des récriminations se sont élevées contre nous. Votre légitime impatience vous a parfois rendus injustes à notre égard. Qu'avez-vous fait, nous répète-t-on sans cesse, depuis tantôt deux mois que vous êtes constitués? Où en est la question du travail?

Ce que nous avons fait, nous allons vous l'exposer en quelques mots, et nous vous expliquerons en même temps pourquoi nous n'avons pas marché plus vite.

Le 10 mars, la moitié à peine des corps d'état se trouvait représentée au Luxembourg ; chaque jour il ...

tre-révolution est audacieuse : qui sait où s'arrêteront ses attentats? Elle est habile : sous prétexte d'ORDRE ou de COMMUNISME, elle tournerait vos armes contre vous. Le soldat de la liberté ne doit relever que de sa raison.

Notre droit, appuyé depuis longtemps sur la justice, doit triompher par la promulgation de la loi. Opposons à la coalition des intérêts individuels la ligue des travailleurs associés pour le triomphe de la Révolution sociale dans les élections futures.

La question de travail! C'est la première à l'ordre du jour. Nous ne vous appelons point à nous pour élaborer des systèmes et disserter sur des théories; mais pour agir et mettre en pratique ce qui est IMMÉDIATEMENT PRATICABLE. A ce sujet, nous vous devons quelques instructions ; car plusieurs d'entre vous n'ont pas nettement compris la nature du mandat conféré à leurs délégués.

La question du travail se divise en deux parties : l'organisation particulière de l'atelier, et l'organisation générale de l'échange des produits.

L'organisation de l'atelier est du ressort de chaque spécialité industrielle. Il faut que dans chaque corps d'état il soit formé un comité chargé des intérêts spéciaux de la profession, ayant pour mission de maintenir les salaires et de préparer l'association par l'é- ...

taires et capitalistes seront bien forcés de consommer ses produits ; et bientôt l'on verra ces marchands de salaire venir offrir leurs capitaux à un taux que le peuple sera libre d'accepter ou de refuser.

A l'œuvre donc, peuple souverain! dessille tes yeux, sors de ton obscurité et vois la lumière! unis tes forces en un seul faisceau, viens mettre fin à tes misères par la sainte ASSOCIATION, que les heureux du siècle, dans leur appréhension égoïste, ont l'audace de traiter d'utopie.

L'esclavage est aboli! Viens, prolétaire, viens signer ton émancipation.

(*Notre numéro de dimanche contiendra le Règlement de la société des Corporations réunies*).

LES GRÈVES.

La nation française est depuis longtemps atteinte d'un mal profond.

Ce mal — ainsi que tous ceux de même nature — va toujours croissant, et, si l'on n'y remédie avec promptitude, avec vigueur, il peut en résulter des malheurs effrayants. Nous sommes loin de vouloir semer l'alarme, mais nous devons dire hardiment la vérité.

Voici le fait : ...

1848年革命時の新聞 *Le Tocsin*（6月11日），*L'Organisation*（6月8日），*Journal des Travailleurs*（6月11日）

度に興奮している、しかしこれは補欠選挙に不備があったことが問題になっているだけで重大事態ではないのだとして、群衆を弁護した後、次のように言うのである。

「戸外のクラブは、不法集合取締法にもかかわらず、常に多数の人びとを集めている。労働者は路上で、彼らが国民議会に議席を得たとすればそこでおこなっただろうような具合に、たくみに自分たちの利益について討議している。議会と異なる唯一の点は、彼らが一スーも持たないのに、われらの徳高き代議士たちは一日に二五フラン支給されていることだけである。(49)」

ここでもまた議会の代議士に路上の群衆が対置され、群衆の「路上の権利」を民衆のクラブと称して賞揚するのである。

最後に、『ル・トクサン・デ・トラヴァイユール（労働者の警鐘）』という新聞の六月十一日の第一一号にのっているガブリエル・ゴオニーの「大衆」という文章をみてみる。ゴオニーは指物工でサン・シモン主義者なのだが、労働者詩人として知られる人物であり、この文章は、サン－ドニ門、サン－マルタン門の群衆の在り方を最も鮮明に特徴づけるものである。

「二月革命以来、パリっ子は戸外で生活することを愛している。そして夕暮、ブルヴァールの並木通りで、自分たちの雄大な希望について語り合うほど、彼らにとって心地よいことはないのだ。またそこで未来の繁栄についての、心を惑わすような美しい予想に、時に抗議し、またしばしば満足の意を表するのだ。このような街頭の情景は、人びとを愛する者にとっては、生きることにはげましを与えるものであり、とびかう意見で燃えさかるこのような思想のるつぼのなかに生命力があるのだということを教えてくれる。そして、このような民衆の討論集会を混乱させるような、どんな不都合な強制力も加えられるようなことがないならば、共通の幸福に関しての協約を結ぼうとしているこれらの人びとの頭上には、神秘的な荘厳さがただようのだ。

……人びとは討論し、社会の科学の緒論題に目をひらかされる。孤立した対話は、おびただしい会話のざわめきをつらぬいて交錯し合う。言葉が豊かさと熱をおびる。全体的な利益が言葉をかき立てるからである。人びとは心浮き立つ思いとなり、わき返り、ものを思い、ざわめく波のように揺れ動く人波を頭ごしに見渡すために、身体をまっすぐにのばすのである。」(50)

ガブリエル・ゴオニーのこの文章は、多分に詩的なイマジネーションへと昇華していく傾向をもっている。しかしそれはかえって、彼自身が路上の群衆の中に身を置いてこの文章を書いていると思わせるものであり、それは確かなことだろう。彼自身が、路上の生活を愛するということがどのようなことかを、人びとと共に日常的に体験していなければ、この文章は書けないと思う。

以上にみてきたような主張というものは、民衆的な諸新聞においても、それほどしばしば目にすることのできるものではない。明らかにそれらは不法集合取締法の出された時点で、表面に顔を出してきたものである。つまり、「路上の権利」があからさまな形で危機にさらされた時になって表層に現れたものである。このことは、「路上の権利」についての民衆の心的な態度というものは、日常的には、いわば当然のこととして前提になっていたからであろう。それは二月革命以降、とくに語られるべきことというよりも、生活現実としてあったということなのだが、それが境界領域へとしだいに追い込まれて、今や危機におちいった時、言葉としても語られることになったのだと思われる。

6　盛り場と騒乱の舞台

六月蜂起

十九世紀のパリに新たに形成されてきた盛り場としてのブルヴァールは、一八四八年の民衆騒乱において、その騒乱のきわめて重要な場として登場してきたことが、以上によって明らかとなったと思う。盛り場としてのブルヴァールが騒乱の場としてのブルヴァールに変転していくとき、もちろんブルヴァールはその様相を大きく変化させる。その変化はといえば、盛り場としてのブルヴァールにおいて存在していたブルヴァール・デュ・タンプルの境界領域が解体し、民衆が日常の世界で示す境界性は、騒乱という形をとって、パリ全体にあふれ出るという特徴をとっていた。この一点において、盛り場としてのブルヴァールと、騒乱の場としてのブルヴァールは結び合っており、ブルヴァールが民衆騒乱の場として重要になった内的な要因はここにあったと思える。

こうしてパリの路上を支配した騒乱が再び秩序によって押しもどされる時、それは再びブルヴァールの境界領域へと圧縮されていくのである。前章にみたような、サン-ドニ門、サン-マルタン門の広場への群衆の集合とその群衆に内在していた性格は、こうした状況を表出するものだったわけであるが、この民衆運動の危機的状況が、蜂起によって決着がつけられようとする場合、その蜂起は、こうした境界領域を重要な対決点としながら、民衆蜂起の本来の根源たる民衆の生活圏の内部で再構築されるという過程をたどらざるをえないことになるだろう。これが六月蜂起である。

今ここで、六月蜂起の全貌をひとかたまりの事件として語るつもりはないし、またそれは、方法としても有効であるとは考えていない。しかし、前章で展開したこととの関連で、右に述べたような民衆蜂起の性格を六月事件のなかにみておくことが、ここでは必要なこととなる。

六月蜂起の直接の発端となったのは、六月二十一日に実施を宣告された、国立作業場の解散をめざしての一つの方策であったことは、誰もが指摘していることである。その要点だけを記しておけば、この方策は、十八歳から二十五歳までの国立作業場に加入する失業者に、軍隊に編入されるか、地方の土木作業に従事するためにパリを出ていくか、という選択を迫るものだった。そして六月二十二日に、その第一陣をソローニュの湿地帯に出発させるという、きわめて専断的な処置が、労働者を激昂させ、また恐怖におとしいれた。すでにソローニュの湿地帯に出かけていた労働者が、この地帯の不健康な自然状態と受入れ施設の欠如をパリの民衆に伝えており、人びとは、政府が労働者を沼地で流刑にしようとしている、その沼地で労働者は病によって殺されてしまう、これは無期徒刑に等しい、と受けとったとされる。(51)

問題となるのは、この場合、民衆蜂起にむかった労働者の行動様式である。労働者は、サン＝シュルピス教会付近、パンテオン広場、植物園前など、各地点に集合体となって現れるが、これらの地点は、いずれも民衆居住街区とパリ中心部との接点をなすものである。こうした集合のなかでとくに注目を集めたのが、労働者プュジョルを先頭とする集団であった。

彼は二十二日に一隊を率いて前公共土木相のマリに抗議を申し入れた後、翌二十三日、パンテオン広場への労働者の結集を呼びかける。翌朝、この広場に集まった労働者は、バスチーユ広場におもむき、戦闘の決意を表明する儀式をおこない、フォブール・サン＝タントワーヌ街からポパンクール街を通って、東部の民衆街区を北上し、フォブール・デュ・タンプル街から、ブルヴァール・デュ・タンプルの「犯罪大通り」にいたり、サン＝

6月23日のサン‐ミシェル橋の闘い　A. Dayot, *op. cit.* より.

ドニ門の地点にバリケードを築き、軍隊と衝突する。この行動は民衆蜂起の合図となったものであり、その行程は、長期にわたって労働者の記憶のなかにつみ重ねられていた、騒乱のトポグラフィーを示している。この行動のトポグラフィーは、それだけで民衆蜂起の性格を表現しているのである。

もはや当然のことのようにして、民衆蜂起の口火は、サン‐ドニ門において切られている。

戦略的要地としてのブルヴァール

サン‐ドニ門において蜂起の口火が切られるということは、六月にいたってそこが境界領域としての性格を再びとり始めたという、これまで指摘してきた状況に、まさに対応しているものである。が同時にこの地点は、蜂起を鎮圧する側からしても、確保しておかなければならない戦略上の重要地点であった。このことを明白に示すのは、トクヴィルの回想である。彼は六月二十四日、好奇心に駆られて、議会には出席せずに戦闘の現場に向かったのだが、ブルヴァール・デュ・タンプルにおける戦闘の状況を、きわめて長々と詳細に書き綴っているのである。

「私はブルヴァールの大部分を、戦闘の跡に出くわすこともなく歩いていった。しかしサン－ドニ門から先には、多数の戦闘の跡が存在した。人びとは、後退していった蜂起側が残した残骸のなかを前進していた。窓はこわれ、戸口は打ち破られ、家々には銃弾の痕がしるされ、砲弾が貫き、樹木は倒れ、敷石が積み上げられていて、そのうしろには、血と泥にまみれた麦わらが残されていた。戦いの悲惨な跡はこうしたものだった。」

二月革命の発生のときの民衆蜂起と異なって、グラン・ブルヴァール上は、サン－ドニ門までは民衆蜂起の場にはなりえなかったことが、ここではっきり証言されていることが注目されよう。

トクヴィルはこのようにして、多数の部隊が集結しているシャトー・ドー給水泉のところにたどり着く。この地点は、まさにブルヴァール・デュ・タンプルの入口にあたるところである。そこには一門の大砲がすえられ、そこから東北に向かってブルヴァールを出ていくサムソン街を砲撃していた。この街路はすぐにサン－マルタン運河にいきあたり、運河の向うに大きな家屋があった。人影の全く消えたサムソン街の家の窓からも、反徒は銃撃をくり返している。このように戦闘の状況を記した後、トクヴィルは、この地点の反乱においてもつ意味を、次のようにみごとに洞察しているのである。彼は次のようにまず疑問を呈する。「シャトー・ドーから先のブルヴァールは自由に通行できたのだろうから、どうしてわが部隊はそこを進撃していかなかったのか。また、もしサムソン街の正面の大きな家屋をまず奪取することにこだわるのだったら、何故その家屋からの危険な銃撃に長い間さらされたままになっているよりも、急いでそれを奪取してしまわなかったのか、私には理解できなかった」と。

ところがこの疑問はすぐに氷解する。自由に通れると思ったこの地点から先は、「ここでブルヴァールは曲り角になっているが、その先はバスチーユ広場までバリケードが築かれていたのだった」。そしてこれらのバリケードを攻撃する前に、サムソン街の正面の大きな家屋をやっつけないと、部隊の通行が危うくなる。つまり包囲される危険があるということだろう。そこでこの家屋の奪取ということになるのだが、運河があってそう簡単に突撃できない。そこで砲撃でこの家屋を破壊するという、時間のかかる方法がとられている、とトクヴィルは洞察する。「こうして作戦はいちじるしく時間がかかる。朝方、まだ戦闘が終わっていないことに驚かされた私は、こうした速度でどうやって終わらせることができようかと、自問自答したものである」と彼は回想するのである。この後、この地点

6月25日のバリケード攻撃　バスチーユ　G. Bourgin et M. Terrier, *op. cit.* より.

の部隊は反徒の急襲を受けて、一時大混乱を呈して後退し、トクヴィルはこの退却の勢いに押しつぶされそうになって命びろいをする。(52)

重要なことは、六月の民衆蜂起が、ブルヴァール・デュ・タンプルという境界領域から民衆居住街区の内部にはいった民衆の生活圏において、その地歩を築くことを基礎にして、パリに向かって再登場しようとしている、ということがトクヴィルの観察で鮮明になっていることである。それだからこそ、ブルヴァール・デュ・タンプルの入口は、戦略的な重要地点となっているのである。

カルチエ＝界隈の蜂起

それでは、この民衆居住街区のなかのカルチエ＝界隈において民衆蜂起が地歩を築くのは、どのようにしてなのか、という点をみておきたい。

前述したプュジョルの率いるデモ隊が民衆居住街区を通過すると、それに呼応するかのようにして蜂起が始まり、バリケードがそれぞれのカルチエの街路の角にとくに、いくつも築かれていったようである。ポパンクール街の住民の証言だと、二十三日の十時か十一時頃、一人の証言だと五、六〇〇〇人、他の住民の証言だと三〇〇〇人ほどの、国立作業場の労働者が、この街路を通過する。デモ隊は十数本の旗をおし立て、「パンか銃弾か」という叫びをあげていた。これと同時に、住民たちが街路に出て、バリケードを築く(53)。

しかしこの場合、住民は、秩序を守る国民軍の側に結集するか、反徒側に加担するかで二手に分かれてしまう。また、様子をみるために自宅から出て来ない住民も多い。きわめて狭い民衆の生活圏であるカルチエがこのように分裂してしまうことが、まずすべての街

カルチエのバリケード　ダゲレオタイプによる撮影　L. Girard, *op. cit.* (51) より.

区において出現したといえる。もちろん、蜂起の側が圧倒的で、国民軍の士官も自宅から外に出られないという状況が出現するカルチエも存在した。

今ここでは、パリの第六区にあるサン-マルタン・デ・シャン街区に存在するグラヴィリエ街という二五〇メートルばかりの狭い街路をとり出してみよう。この街路の西端はトランスノナン街、東端はタンプル街に接しており、このタンプル街を北にいけば、ブルヴァール・デュ・タンプルに出る。したがってこの街路は、ブルヴァールの内側に位置している。

この街路については、蜂起に関す

る情報がそれほど多く存在するわけではない。しかしそれでも、このカルチエ＝界隈の住民は、蜂起をめぐって分裂したことが確かめられる。

六月二十三日に蜂起が他の地区で発生すると、この街路の国民軍中隊は、いち早く非常召集の太鼓をならした。中隊長リュイリエはクラヴィリエ街一〇番地の空屋となっていた店舗に哨所をもうけ、そこに中隊の兵士を結集させる。しかしそこに集まったのは、中隊全員一一〇名のうち二〇〇名のみである。さらに中隊長リュイリエは、トランスノナン街との角にもう一つの哨所を置き、そこに一〇名の兵士を配置した。(54)

こうして、このカルチエでは、民衆の生活圏の内部の抑圧装置たる国民軍が、まずもって路上を支配することになった。しかし、大多数の住民が非常召集にこたえて部隊に結集しておらず、状況は流動的で、この抑圧装置がその機能を果たしうるかどうかは、にわかに判断しかねる状態にあったと推測しうるだろう。

このようななかで、住民は次第にとるべき態度についての選択をせまられるようになっていったと思われる。この点は次のような事実が証明している。その事実というのは、トランスノナン街との角の哨所に出た一〇名のなかに加わっていたレンテクスという軍曹のとった態度である。この国民軍中隊の下士官は、四十七歳の皮革工であった。彼は二十三日から翌朝にかけて、哨所において一晩中、「俺は労働者の味方だ。彼らのためになら死んでもよい」とくり返し言っていたという。二十四日の早朝になって、傍にいた二十六歳の貝殻細工職人のギボールに、「ほら、撃合いが始まっている。われわれの兄弟が殺されている」と呼びかけると、ギボールは、「奴らがわれわれのように哨所に集合し、国民軍の隊列にはいっていればよかったのだ」と答えたという。このためつかみ合いとなり、危うくギボールは首をしめられそうになる。それから一時間ほどして、反徒一五〇人ばかりが出現し、哨所の足もとの敷石をはがしてバリケードを築き始めたため、哨所の兵士は姿を消し、レンテクスは反徒に加わったという(55)。

このように軍人の予審判事に証言しているのは、ギボール自身であり、ほぼこのような事実が存在したことはたしかなことであろう。レンテクスは、裁判なしで、アルジェリア追放という処分を受けることになる。

このように哨所にいち早く結集した者たちの間にすら対立がはらまれていたのであるから、その他の多数の住民のなかには、蜂起を志向する者たちがいたのである。しかしこうした志向を実現するためには、同じ界隈に住む民衆層に属する人とも、あえて敵対することも覚悟しなければならなかったのである。レンテクスは皮革工であり、ギボールは貝殻細工職人なのである。

一五〇人の反徒の出現で二十四日の朝六時頃に、この街路の国民軍中隊(第六軍団第一大隊第四中隊)は、あっけなく哨所を解散してしまった。四十四歳の製靴工のクレルモンも、このとき哨所から自宅にもどった一人であったが、三十分もするとまた外に出たのだった。このときの街路の状況を、彼は予審判事の尋問に対する答えのなかで次のように言っている。「武器をとれ！　共和国万歳！　という、自分の中隊の労働者たち――彼らは国民軍の制服を着ていませんでしたが――の叫びを聞いて、好奇心から外に出てみました。するとと彼らは私にまで隣りの人に話しかけるような態度で、〝行って君の武器をとってこい、われわれと一緒に進撃しよう〟と呼びかけるのでした。そこで私はサン－マルタン街とロワイヤル広場まで、彼らとともに歩いて行きました。私たちの先頭には、中隊長のリュイリエが経営するフェリッポー街三〇番地の仕事場に雇われている国民軍中尉のフェリックスが立っていました」と。この後、この蜂起集団は旧第六区区役所まで行き、そこからひき返してグラヴィリエ街にもどり、ヴェルタス街

労働者の国民軍兵士　制服は着ていない　L. Girard, *Nouvelle histoire de Paris 1848-1870*, Hachette, 1981 より.

との角に、もう一つのバリケードを築いたとみられる。クレルモンは、このバリケードを築く手助けをしたと、自分の不利になることをも検事に述べているから、以上の陳述は、その大筋においては、事実を語っているとみられる。(56)

重要なことは、国民軍が解体すると、界隈の蜂起集団の行動の自由は飛躍的に拡大し、クレルモンのような、どちらかというと行動に慎重だった人物も、蜂起に加わることになる点が、明らかになっていることである。

なお、このときに築かれたバリケードの反徒は、活発な動きを示したようで、二挺のピストルで武装した人物がこれを指揮し、弾薬が配布され、軍隊との間に銃撃戦があり、バリケードから離れた隣りの街路に通ずるパッサージュの入口に見張りを立てている。このようなことを予審判事に述べているのは、四十歳のセーヌ河岸の荷揚人夫ザングエルであるが、彼は、バリケードの人びとが、しばしばぬけ出して居酒屋に行ってもどってくるということや、近くのジャン・ロベール街一〇番地に火薬製造所が設けられていて、自分もそこに薬包をもらいに行ったが、一人に二個ずつしか渡しておらず、それもまだ乾いておらず湿っていた……などなど、民衆蜂起の昂揚した様相を語っている。(57)

家賃問題の深刻化

右にみたグラヴィリエ街においては、生活圏内の抑圧たる国民軍の解体が、路上での行動の自由をつくり出し、それが民衆蜂起へといっきょに飛躍させ、昂揚した状況をこの界隈に生み出していく過程が、きわめて鮮明になっている。この過程はその規模や進展の速度においては多様なものであるとしても、民衆蜂起がそれぞれのカルチエで地歩を占めたところでは、どのカルチエにおいても同じような性格をもった過程をたどったのである。蜂起についての証言が多数あげられているところでは、この点をいくつも例証することができるのではあるが、今は、グラヴィリエ街の場合だけにとどめておきたい。いずれにしても、民衆蜂起が民衆の生活圏においてその基礎をかためる場合に重要になっていたのは、民衆が蜂起という形で「路上の権利」を、その狭いカルチエのなかで実現することであったといわなければならないだろう。

そもそもカルチエといった狭い生活空間において、二月革命以降に深刻化した問題をいくつかあげることができるが、家賃の問題と、今ここで鮮明にしえた国民軍の問題などは、最も重要なものであったといえるのである。

家賃の問題は、別個に改めて詳細に検討したいと考えているが、さしあたって言っておけば、ジョルジュ・ルフェーヴルが早くから注目し、国立作業場解散の問題と並んで、この家賃問題が六月蜂起の原因となっていると指摘していたものである。(58) パリの家賃は三カ月ごとに契約が更新されることに当時なっていたから、六月末は家賃の清算がなされ、契約が更新されない限り、民衆はそのささやかな住居からも追い出されることになる。しかしこの問題は、二月革命後の三月末を中心として、すでに深刻化しており、同じ家屋の借家人や、同じカルチエの彼らが、家主を攻撃対象にしていた。この場合、しばしばシャリヴァリの形式による抗議行動がとられたが、このような形式は、民衆の生活圏のなかでの共同性を基礎とした行動様式としては、きわめて手っとり早く実行しうるものだったからである。カルチエの住民たちは、こうした行動様式をとりながら群衆となって、家主の家の窓の下に騒然となって集合し、「清算か死か」と叫ぶのである。つまり、家賃の支払はできないが、家賃の受領証はよこせ、というわけなのである。

このような民衆の行動は、それぞれの民衆の居住するカルチエの内部で発生していて、広場やブルヴァールなどの開かれた場には、なかなか登場してこないものである。しかしそれはカルチエからカルチエへと、民衆の生活圏の根もとのところで、三月以降とくに拡がっていったのである。この点は、パリ市古文書館の区役所文書のなかに残っている、第五区の区長が検事局の政府委員に出した手紙によっても、明らかになる。一八四八年四月一日の日付を持つこの手紙は次のように記している。「八日ほど前から、暴力的で脅迫的な行為の数々が、わが第五区の家主に対しておこなわれており、借家人たちが、支払期限のきた家賃の支払証だけを出させようとしています。この行為は伝染して拡がっており、全般化する勢いにあります」と。さらにこの手紙は続けて、第五区のサン-マルタン門街区や、フォーブール・サン-ドニ街区の警視のもとには、このような民衆の攻撃をうける家主たちからの、助けを求める訴えが多数よせられている、と指摘しているのである。[59]このような家賃問題の深刻化のなかで、六月の蜂起において、家主はカルチエ内部における民衆の重要な打倒対象になっていたのだった。

打倒対象とされた国民軍

民衆の生活圏における抑圧としての国民軍の問題は、何も二月革命期に始まるものではないことは、すでに述べたとおりである。しかし二月革命後、国民軍に民衆のすべてが加入し、再編成がおこなわれていこうとするとき、この問題は新たな様相を呈する。これは三月十七日の民衆デモにおいて、その士官選挙の期日の延期の要求として政治の場にも浮上してくるが、それは民衆の生活圏においては、国民軍の組織の主導権が誰の手に帰するのかという問題をその根底にもつものであった。新たに加入が認められた民衆層の登録すら、なかなか進まないという状態が存在した。それでも民衆が多数居住する地域では、隊員数は急激にふくれあがった。サン゠ドニ門を中心とする第五区をみると、革命前の一八四八年一月一日の第五軍団の構成員は四七五五と記録されているが、[60]一八四八年四月十五日の第五区の区長の内相あて書簡は、国民軍士官選挙前日の四月四日の隊員数が二万一二四二に達したと報告し、そのうち銃を所持しない者一万三二四〇と書かれている。[61]登録につづいておこる問題は、新隊員への銃の引渡しであり、上の数字にあらわされるように、これが十分でなく、不満と要求が山積し、各区の区長すら国民軍の士気にかかわると心配する。これに加えて、四月五日からの士官・下士官選挙は莫大な労力と時間を必要とした。軍団、大隊、中隊と各レベルの士官・下士官の数は多く、したがって立候補者も厖大なものとなる。

この選挙は、まず数回の準備のための集会での候補者の推薦と紹介、少なくとも八回にわたる投票、そしてその回ごとに、過半数の票がえられない場合には決選投票、というものであったようで、四月五・六・七日の三日間では片づかず、延長されることが多かった(62)。仕事をする労働者には大きな負担となり、労働者の棄権が増大したのだった。四月六日のパリ市長アルマン・マラストの各区長宛の通信はこのことを認めており、投票時間の朝五時から夜八時以降への延長を要請するほどのものだった(63)。

この間、夜間のパトロールは旧来からの国民軍兵士によっておこなわれており、士官選挙もそれに慣れた旧国民軍の中心メンバーの主導権のもとに実施されたのであり、何の準備もなかった労働者が、その仲間のなかから士官を出すことはきわめて困難なことだった。さきにみたグラヴィリエ街のように、秩序側の国民軍中隊長リュイリエの経営する仕事場で働くフェリックスが反乱の先頭に立っていたが、彼はこの中隊の中尉であったという事実は、日常的にこのグラヴィリエ街の労働者の間の絆が強かったことを示しているようである。さらに例外的には、北部鉄道会社の車輛工場の存在するパリの北隣りの町、ラ・シャペルでのように、一つの中隊が、中隊長の指揮のもとに蜂起側に立ち、パリ市内に進撃したという場合もある。

だが全般的には、旧来の国民軍兵士によって抑圧体制が再建されていたときに、六月蜂起となり、グラヴィリエ街にみたような状況が、さまざまな民衆のカルチエで展開されたのだった。

以上のように、蜂起をおこした民衆がまずもって打倒対象としなければならなかったのは、自分も所属しているはずの国民軍の中隊だったのである。というより、自分の中隊の「古参の連中」だったのだ。

カルチエのアジテーター

フォブール・サン゠タントワーヌ街区にあるポパンクール街の、第八軍団第三大隊第三中隊を組織する街路で、蜂起を煽動して逮捕された三十六歳の製靴工レオナールは、予審判事に向かって、「金持たちは貧乏人を片づけてしまおうとしている。国民軍の古参の連中は、民衆をおしつぶすために、正規軍とぐるになっている」と人びとは言っていた、と答えている。この尋問の証人として呼び出された男も、「国民軍に対する敵意の言葉を、すべての人々が口にしていた……」と述べている。(64) ここでレオナールは「金持」と「貧乏人」という対立関係を、「国民軍の古参の連中」と「民衆」という対立関係に等置していることが注目される。この場合に「金持」というのは、ブルジョワ階級全体を抽象的に指すというよりも、「国民軍の古参の連中」を七月王政期からずっと構成してきている身近な連中のことであることが、はっきり示されているわけで、それはいうまでもなく商店主やその上層の家主、またときには小企業主のことでもある。レオナールは市民たちとのつきあいの中で、一定の階層をアリストクラートと呼び、労働者階級の敵とみなして、こうした連中に敵対すべきことを普段から公然と表明していた激しい気性の持主だ、と証言する国民軍の下士官もいる。

この場合、「一定の階層」とされるものは、上にみたような身近にいる「金持」であろうから、レオナールの抱く敵対者は、商店主・家主・小企業主―「国民軍の古参の連中」―アリストクラートという、一連の連想をともなうイメージによって構成されているといえるだろう。もちろん、商店主といっても、「国民軍の古参の連中」という秩序派に連なるような商店主たちのなかの特定の部分を指していることは言うまでもない。そしてこのような連想が、「アリストクラート」という言葉に帰結している点も重要である。なぜならば、こうした連関のなかで出てくるアリストクラートは、結局、民衆の生活圏に個々具体的に存在する抑圧の全体を象徴的に示す言葉になっているからである。レオナールのような煽動者＝アジテーターは、「アリスト」また「アリストクラート」という象徴的な言葉を使って、対決すべき抑圧とそれを構成する打倒対象を指し示すのである。

牛乳売り　Bertier de Sauviny, *Nouvelle histoire de Paris 1815–1830*, 1977 より.

このように蜂起で出現するアジテーターのもつ意識を理解しておけば、逮捕されたアジテーターに対する、敵意に満ち、一見すると混乱しており、誇張されているようにみえる証言の数々も、理解可能なものとなるのである。レオナールが蜂起を煽動した街路の北側の十字路に築かれたバリケードで反徒を「指揮した」者の一人として逮捕された四十四歳の牛乳の呼売りをやっていた女性、マリー・ベルトランには、彼らの住んでいたアマンディエ街三番地周辺の界隈の家主や商店主の、恐怖に満ちた証言が、雨あられのごとく降りそそいでいる。これらの証言は誇張に満ちているが、「アリスト！」という言葉の意味を理解したわれわれには、理解可能なものなのだ。そうした証言のなかから、少しだけ拾い出してみよう。

ポパンクール街三三番地の肉屋の証言——

「この女は、〝もしわれわれが勝利しなかったなら、そこいら中に火をつけて、アリストどもを殺してやる〟と言っていました。」

ポパンクール街三五番地の食料品店主の証言——

「わたしはベルトランが、家主たちと商店主たちを捕えて〝彼らの家を焼き払うべきだ〟と言っているのを聞きました。この女は反乱の四日間に、この界隈でおかされたあらゆる恥ずべき行為の煽動者でした。いや反乱の四日間だけでなく、二月二十四日、二月革命がおこった時から、ずっとこうだったのです。」

ポパンクール街三三番地に住む、ボイラー製造所に勤務する職員の証言——

「すでにこの女は、わたしの雇主であるデュレンヌ氏の家に火を放とうとして言っていました。〝アリストクラットに属するすべてのものを焼き払うべきだ〟と。国民軍の召集太鼓がなるたびに、彼女は道路のまんなかに立ちふさがり、アマンディエ街四番地のダメルという女といっしょに、国民軍兵士が集合するのを妨げていました。彼女は兵士の服をつかんで卑怯者とよび、アリストクラットの家主どもを守るために武器をとる必要などどこにある、と言っていました。」(65)

こうした多様な証言についてもはや解説を試みる必要はないであろう。ただ、アジテーターたちの家主や国民軍に対する行動は、二月革命以降ずっと続けられていたらしいということがうかがわれる点が注目されよう。

「いらだつ巨人はわれらのもの」

民衆蜂起は、このようにして、人びとの生活のなかに内在化し、その生活をおしつつむようにして存在している抑圧の体系を解体することのなかから生み出された。蜂起という極限状況にいたることのない場合でも、民衆運動は、大なり小なり、こうした身近な抑圧の構造が揺らいでいくことのなかで出現してくるアジテーターによって切り開かれる道に突出してくるものなのだと考えられる。

1848年の民衆　A. Dayot, *op. cit.* より.

二月革命に際しての民衆運動と民衆騒乱は、この身近な抑圧の体系が、議会改革という、国民軍に対しては禁じられていた政治行動を、七月王政下からとり始め、ついに民衆の生活圏内の抑圧としての機能を失うという条件のもとで、やはり民衆のアジテーターが、蜂起のための自由の空間を路上に実現することによって成立したものであった。六月蜂起も、「アリストクラート」の打倒によって、この自由の空間を、民衆が自己の生活圏たるカルチエに実現したときに、生み出された。しかし二月革命の場合と異なり、この六月には、民衆運動は、広場やブルヴァールという開かれた場から、カルチエへと追い込まれつつあった。したがって、ブルヴァール・デュ・タンプルのような境界領域から後退した地点にのみ蜂起の場が開かれなければならなかった。このため、民衆の生活圏たるカルチエの内部での、身近な抑圧の体系に対する闘争が、第一義的なものとならざるをえず、きわめて激烈な形で、したがって大変鮮明なものとして、それが出現することになったのであった。蜂起のめざすところは、パリに支配しつつある秩序の論理を解体し、政府に迫りつつ、境界性を拡大するなかで、それを越えて、新しい自らの世界を出現させようとするものであり、そうした社会像をすでに保持し、それに向かって越えていこうとするものだった。こうした民衆思想の次元の問題については、また改めて検討しなければならない。

しかし六月の民衆蜂起は、カルチエから広場やグラン・ブルヴァールへと、その目標と思想に支えられながら再び進出しようとするのだが、敵の軍事力の前に力つきることになった。

だが労働者詩人シャルル・ジルは、蜂起がくだけ去った直後に、「六月の墓碑」を書いている。

進め！　河岸、橋、街路はわれらのもの！
パリ、このいらだつ巨人はわれらのもの！
あらゆる街区から駆けつける群衆
もえ立つ大地から舗石をひきはがす！

河岸、橋、街路、巨人、街区《カルチエ》、群衆、舗石。都市パリのトポグラフィーは、このような民衆運動の象徴によって埋めつくされることになった。民衆騒乱がそれを作り出したのであり、都市がこのようにして形成されるとき、いらだつ巨人はわれらのものとなる。

参考文献

(1) 喜安朗『パリの聖月曜日』平凡社、一九八二年、二五六―二五九頁、および巻末の地図を参照。
(2) Henri Guillemin, *La première résurrection de la République, 24 Février 1848*, Paris, 1967, p. 92.
(3) 「五つの死体」とあるが、一八九六年版では「一六の死体」となっている。

(4) Daniel Stern, *Histoire de la Révolution de 1848*, 3 vols., Paris, 1850-1853, tome 1, pp. 140-141. この著書は、この初版以後いくつもの版が出されており、版によって多少の書替えがおこなわれている。

(5) Maurice Agulhon, *Fête spontanée et fêtes organisées à Paris en 1848* (*Les fêtes de la révolution: Colloque de Clermont-Ferrand*, juin 1974), Paris, 1977, pp. 248-249.

(6) Alain Faure, *Paris, Carême-prenant: Du carnaval à Paris au XIXe siècle*, Paris, 1978, p. 115.

(7) Alain Faure, *ibid.*, p. 89 et sqq.

(8) Alain Faure, *ibid.*, p. 22.

(9) ヴィクター・ターナー『象徴と社会』(梶原景昭訳)紀伊國屋書店、一九八一年、三〇五頁以下。

(10) ミハイール・バフチーン『フランソワ・ラブレーの作品と中世・ルネッサンスの民衆文化』(川端香男里訳)せりか書房、一九七四年第二刷、一三、一四頁。

(11) Albert Crémieux, *La Révolution de Février: Etude critique sur les journées des 21, 22, 23 et 24 février 1848*, Paris, 1912, pp. 200-201.

(12) 阪上孝氏は七月王政期の国民軍について、それが「軍隊であるより社会力であり」としつつも、国民軍の民衆の生活圏内部の抑圧としての性格を見落とし、ここに指摘したような区別を見失い、七月王政期の「秩序維持装置」の社会システムとしての歴史的性格の把握に失敗している。阪上孝編『一八四八——国家装置と民衆』ミネルヴァ書房、一九八五年、第一章。

(13) この点については、まだ不完全な部分も残るが、喜安朗「民衆蜂起の打倒対象——一八四八年パリにおける六月蜂起」『思想』六二九号(一九七六年十一月)を参照。

(14) Archives Nationales, F^8 239 "Rapport de la Chambre de Commerce de Paris et du préfet de police sur la

question des salaires ouvriers, de l'augmentation des loyers et de denrées alimentaires", cité par L. Chevalier, *Classes laborieuses et classes dangereuses à Paris pendant la première moitié du XIXe siècles*, Paris, 1958, p. 233.

(15) Adeline Daumard, *La bourgeoisie parisienne de 1815 à 1848*, Paris, 1963, p. 588.

(16) Louis Girard, *La garde nationale 1814-1871*, Paris, 1964, pp. 255-257.

(17) Archives Nationales, BB^{30} 296 N°7, Déposition de D'Heurle.

(18) Archives Nationales, BB^{30} 297-473.

(19) Archives Nationales, BB^{30} 297-518.

(20) Archives Nationales, BB^{30} 297-533.

(21) George Duveau, *1848*, Paris, 1965, p. 18.

(22) Archives Nationales, BB^{30} 297-473, 476, 477.

(23) Daniel Stern, *op. cit.*, tome 1, pp. 134-135.

(24) *Journal du Comte Rodolphe Apponyi*, publié par Ernest Daudet, 4 vols., tome 4, Paris, 1926, p. 142.

(25) Maurice Agulhon, *Les Quarante-Huitards*, Paris, 1975, pp. 44-45. du même, *Fête spontanée et fêtes organisées à Paris en 1848*, *op. cit.*, pp. 249-251.

(26) Alain Faure, *op. cit.*, pp. 117-118.

(27) Henri Guillemin, *op. cit.*, p. 126.

(28) 以上のチュイルリー宮殿内部の群衆と、バスチーユ広場まで行進する隊列の描写については、Daniel Stern, *op. cit.*, tome 1, pp. 202-205.

(29) Arnold van Gennep, *Manuel de folklore français contemporain*, tome 1, Paris, 1979, III-1, p. 962 et sqq.

(30) Arnold van Gennep, *ibid.*, pp. 981-982.

(31) Remi Gossez, *Les ouvriers de Paris*, 1, *L'organisation 1848-1851*, La Roches-Sur-Yon, 1967, p. 214.

(32) Archives de Paris, VD^6-61.

(33) Michellé Perrot, 1848: Révolution et prisons, *L'impossible prison*, Paris, 1980, p. 297.

(34) Henri D'Alméras, *La vie parisienne sous la République de 1848*, Paris, sd., p. 207.

(35) Mémoires de M. Gisquet, *Ancien préfet de police*, 4 vols., Bruxelles, 1841, tome 1, pp. 214-215.

(36) Mémoires de M. Gisquet, *ibid.*, tome 1, p. 254-255.

(37) Chambre de Commerce de Paris, *Statistique de l'industrie à Paris résultant de l'enquête faite par la Chambre de Commerce pour années 1847-1848*, Paris, 1851, p. 65.

(38) この要請が出る前から、コルポラシヨンによる結集が始まっていたとみられるが、要請がおこなわれたいきさつは、ここでは省略する。この点については喜安朗『民衆運動と社会主義』勁草書房、一九七七年、五〇頁以下を参照。

(39) Rémi Gossez, *Les ouvriers de Paris*, tome 1, *Organisation, op. cit.*, p. 35.

(40) Alain Faure, Mouvement populaires et mouvement ouvrier à Paris (1830-1834), *Le Mouvement social*, N°88, juillet-septembre 1974, pp. 51-92.

(41) Assemblée Nationale, *Rapport de la Commission d'Enquête sur l'insurrection qui a éclaté dans la journée du 23 juin et sur les événements du 15 mai*, 3 vols., Paris, 1848, tome II, pp. 185-236.

(42) Assemblée Nationale, *Rapport de la Commission d'Enquête, ibid.*, pp. 196-199.

(43) Assemblée Nationale, *Rapport de la Commission d'Enquête, ibid.*, p. 193.

(44) Archives de Paris, D^4 AZ 299.

(45) Assemblée Nationale, *Rapport de la Commission d'Enquête, op. cit.*, p. 199.

(46) Assemblée Nationale, *Rapport de la Commission d'Enquête, op. cit.*, p. 202–204.

(47) L'Organisation du Travail, *Journal des Ouvriers*, N°6, Jeudi, 8 juin 1848.

(48) *ibid.*, N°3, Lundi, 5 juin 1848.

(49) *Journal des Travailleurs*, N°2, 8 au 11 Juin 1848.

(50) *Le Tocsin des Travailleurs*, N°11, 11 Juin 1848, G. Gauny, "La Multitude".

(51) Louis Girard, *La IIe République* (*1848–1851*), Paris, 1968, p. 141.

(52) Alexis de Tocqueville, *Souvenis*, (*Œuvres Complètes*, tome XII), Paris, 1964, pp. 171–173.

(53) Archives d'Armée de Terre (Etat Major d'Armée de Terre: Service Historique d'Armée), *Justice Militaire 1848*, 10815-5854 Vellin, 11797-11795 Taillardot. このフランス陸軍参謀本部軍事史部所蔵の「軍事裁判　一八四八」として分類される史料は、六月蜂起で逮捕された人物およびその証人の尋問と証言の記録、その他証拠書類等をおさめているが、右の番号および人名は、それぞれの人物に関する記録のファイルの番号である。

(54) *ibid.*, A 500 Heude.

(55) *ibid.*, A 2520-5498 Laintex.

(56) *ibid.*, A 500 Clermont.

(57) *ibid.*, A 3865 Zinguel.

(58) George Lefebvre, *La Seconde République et la dictature de Louis Napoléon Bonaparte*, 3 vols. (Les cours de Sorbonne), tome 2, Paris, 1937, p. 96.

(59) Archives de Paris. VD⁶ 310 Mairie. correspondance.

(60) Archives de Paris. VD⁶ 318.

(61) Archives de Paris. VD⁶ 310 correspondance.

(62) Peter H. Amann, *Revolution and Mass Democracy: The Paris Club Movement in 1848*, Princeton U. P., 1975. p. 151.

(63) Archives de Paris. VD⁶ 463 dossier N°3. VD⁴ 1897.

(64) Archives d'Armée de Terre. *Justice Militaire 1848*. 12388 Léonard.

(65) ibid. 9516 Bertrand. 喜安朗「民衆蜂起の打倒対象——一八四八年パリにおける六月蜂起」『思想』六二九号、一九七六年十一月、七一九頁。

あとがき

世界経済のメトロポリス
なぜロンドン史か――川北 稔

いま、日本人はその何割が「都市」に住んでいるといえるだろうか。たとえば、かりに東海道・山陽新幹線に乗って、東京から博多までほとんど車窓に街並みの途絶えることがない様子をみれば、それが圧倒的な数値に達しているであろうことは、容易に実感できる。もとより「都市」の定義をどうするかで、具体的な数値にはかなりの幅も生じよう。しかし、問題は、人口の比率だけではない。今日では、たとえ景観や人口密度のうえでは「農村」といえるところに行っても、かつてのような「田舎の人」に出会うことは至難である。常識的な言い方ではあるが、テレビをはじめとするマスコミ、ジャーナリズム、自動車、電話、それにおそらく各種の電化製品などが、日本中から「田舎の人」をほとんど一掃してしまったからだ。「地方の人びとは、まるで五〇年くらいまえの人間のような身なりをしている」と断定した十八世紀イギリスの一文人のような経験は、ここ数十年のうちに、わが国では急速になくなってしまった。地方へ行って、言葉が分かりにくくて困ったというような経験も、よほど少なくなってしまったのではないか。

身なりや言葉の問題の背後には、むろん価値観の問題がひそんでいる。かつてのイギリスでは、身分やステイタスの体系は、ほんらい農村社会をベースとして組み立てられていた。大地主である「ジェントルマン」がもっとも上位に位置づけられ、借地をさえほとんどもたない「日雇い労働者《レイバラー》」や「小屋住農」が、乞食や被救済民を別にして、最下層におかれるような体系がそれであった。都市の住民のステイタスは、このような農村のステイタスの体系のどこかに「なぞらえ」られたのである。有力なギルドの親方ならば、農村でいえば下層の「ジェントルマン」にあたるとか、そうでなくて「ヨーマン」にあたるのだとかいった議論がなされたのである。

しかし、人口の圧倒的多数が「都会人」となったいまでは、イギリスでも、都会人のステイタスの体系の方が全国に行きわたっていることは確実であろう。「ヨーマンにあたる人」というよりは、「会社の課長クラスの人」という方が、はるかに通りがいいのである。

ステイタスの体系には、価値体系がつきまとっている。近代の社会では、「田舎者」という一種の蔑称はあるが、「都会者」という言葉は一般的ではない。この言葉もまれには聞かれなくはないが、それは、「都市的なもの」が圧倒的優位におかれているなかでの、一種のコンプレックスの裏返しのようなかたちで使われるものでしかない。こうして、ステイタスの体系に象徴されるような価値観の点で、都会的なものが農村のそれを圧倒してヘゲモニーを獲得するようになったプロセスは、それ自体、歴史の研究対象としてきわめて興味深いものである。じじつ、私自身、このことにここ十数年来こだわり続けてもいる。ところで、都市のステイタス体系や価値観が優越するということは、階級関係をはじめとする現代のいろいろな人間関係、社会関係もまた、主としては「都市」のいろいろなトポスにおいて実現されるということでもある。たとえば、酒場やコーヒーハウスを中心とする社会的結合のあり方を見ようとするような、「都市の社会史」が歴史学界の一大潮流となっているのは、そのことを意識してのことである。

しかし、都市の問題は、「都市と農村」というかたちでさえみればよい、というものでもない。都市を国家のなかの一地域としてばかりみることも、適切ではない。都市と都市とのあいだには、いわば国際関係にも似た都市相互の「関係」があるし、そうした「都市間システム」は、一国内にとじ込められたりはしていないからである。歴史上のロンドンは、農村部イギリスと対《つい》をなす「イギリス国家の一部」ではあったが、同時に世界中の諸都市とのあいだに、交易関係を基軸にした諸関係をとり結んでおり、グローバルな「都市間システム」の一構成要素でもあったのである。

フランスの歴史学界の大勢力であるアナル学派の重鎮であったフェルナン・ブローデルによれば、世界経済のメトロポリスは、十六世紀以来、アントウェルペン、ジェノア、アムステルダムを経由して、結局ロンドンに移る。二十世紀には、ニューヨークがそれにとってかわったことになるのだろう。いまでは東京がニューヨークの地位を脅かしている、という意見もあるかもしれないが、工業生産などの次元よりは金融の次元を、より高度な資本主義のエッセンスとして重視するブローデルなら、そうは言わないだろうと思われる。

ともあれ、これらの都市が世界経済のネットワークの核となったのは、それが工業都市だったからではない。それらはまさに、貿易および金融の世界的ネットワークの核として、そうなったのである。ただ、その都市が世界経済のメトロポリスになるためには、それがある国なり地域なりが、工業生産の面でも中心的な位置にあることが必要な条件ではあった。つまり、こうした都市は、生産の面でも世界経済の最高水準にある国ないし地域にあって、そうした地域の総合的な経済力を背景にしてはいるのだが、メトロポリスの地位そのものは、世界の商業・金融センターとしての役割に依存しているのである。こうした都市は、それ自体はかならずしも「生産的な」都市ではないこと、それでいて巨大な人口を擁し、消費文化の最先端を行くことにもなったから、一大消費市場となり、大輸入貿易港となるのが普通でもあった。

近代史上、「世界経済のメトロポリス」といえるような地位を獲得した都市には、右のような傾向が共通して認められる。とすれば、こうした都市に生きた人びとの生活そのものにも、そこからくる共通の性格を見出すことは可能であろう。「世界経済のメトロポリス」は、消費文化のセンターであり、ファッション・センターである。と同時に、それは、非熟練労働《カジュアル・ワーク》の中心であり、それだけにしばしば「世界の吹溜り」にもなりやすい。本書では、そんな視角から、十八、九世紀のロンドンをとりあげてみた。

十九世紀のロンドンは、じじつ「イギリスの吹溜り」であるばかりか、アイルランドや東欧からも貧しい人びとが吹き寄せられる「世界の吹溜り」の様相を呈しはじめていた。商業の世界では、もはや世界の核とはいえなくなった十八世紀のアムステルダムが、金融面ではなおロンドンをも圧倒していたように、「世界経済のメトロポリス」の地位をある都市が確立するのは、その地域ないし国が生産面で優位を確立してかなり後のことでしかない。生産面ではすでにアメリカの後塵を拝するようになってからでも、ロンドンのシティが世界金融のセンターであり続けたのも、その顕著な例である。しかし、「世界経済のメトロポリス」の社会的帰結のひとつともいうべき、「世界の吹溜り」的な傾向は、さらに遅れて出現する。それればかりか、消滅するのも遅く、かなり後代にいたるまで継続するもののようにも思われる。

アイルランド系、インド・パキスタン系、カリブ海系黒人など、旧植民地出身者を中心に、まさしく「人種のるつぼ」と化したいまのロンドンの社会状況は、第二次大戦後の世界情勢からしか説明できないことも多い。じじつ、外国生れの人口（移入民一世）比は、全国ベースでいえば、戦前の一九三一年にはなお二％にすぎなかったのに、一九六六年には五％に上昇している。イギリス経済の斜陽化が明らかになり、純経済的にはロンドンが「世界のメトロポリス」とはとうてい言えなくなった時期に、かえって旧植民地からの人口流入は激しさを加えてきたのである。一九七一年のグレイター・ロンドンだけをとっていえば、カリブ海出身者とインド人を中心にした「新コモンウェルス」（ニュージーランド、オーストラリア、カナダを除くコモンウェルス）出身者が六・四％、アイルランド人が三・三％にのぼった。一〇年後には、コモンウェルス、つまり旧植民地出身者は、計一三・一％に達している。

しかし、ロンドンがそうした「人種のるつぼ」化するそもそもの芽は、すでに十九世紀にあり、その根本原因が、「世界のメトロポリス」としての、当時のこの都市の基本性格にあったことはまちがいない。

十九世紀以降の都市史の展開を工業化と結びつけて考えるのは、常套手段である。たとえば、社会学者ジョフレー・ハートは、都市化の歴史を三段階に区分し、十八世紀末以降の第二段階は「工業化の初期段階に伴う諸都市の成長」のそれ、第三段階は、工業などの経済活動が特定の都市に集中する結果、人口と都市機能もそれら少数の都市に集中する「巨大都市化（メトロポライゼイション）」の時代だ、という。

しかし、工業化と巨大都市の成長の関係は、かれがいうほど単純でも、また直接的でもないことは、すでにみてきたとおりである。たしかに、世界中いたるところで、人びとは「巨大都市」——多くは首都——へむかって移動している。といっても、その動機や形態は、東京とジャカルタでは違う。ニューヨークとカイロでも違うだろう。その違いは、世界経済の中核的地位にある都市と、そうした中核都市に従属する立場にある都市との差から生じたものである。両者の違いは、ロンドン史をいくらか長期的に概観することによっても、ある程度推定することができる。

十六世紀のロンドンは、貿易構造上も金融ネットワークの点でも、生活文化上の意味でも、アントウェルペンに完全に従属していた。いわば「世界経済のメトロポリス」＝アントウェルペンのサテライトとして、ロンドンがあったのである。しかし、そのロンドンは間違いなく「イギリスのメトロポリス」ではあった。だから、ロンドンを頂点とする諸都市のシステムが、そこには成立していたのである。

「イギリスのメトロ」であったから、ロンドンには全国各地から若者たちが集まり、ジェイムズ一世を嘆かせるほどの首都の肥大化も起こった。しかしそこには、後代のイーストエンドはなかったし、苦汗労働制度も存在はしなかった。苦汗労働やドック荷役に従う東欧人やアイルランド人もみられなかった。それが「世界のメトロ」となったとき、世界中から人びとが「吹き寄せられる」ようになったのである。いまでは、それ自体が「超巨大都市」となった第三世界の諸都市からさえ、人びとがこの地に「吹き寄せられ」ているのだ。

経済的にいえば、十六世紀のロンドンはなお「生産的」な都市であった。手工業の多くはなおこの町に中心があったし、貿易活動にしたところで、輸出が――少なくとも輸入に劣らず――重要な意味をもっていた。しかし、「世界のメトロ」になることは、あえていえば、消費都市になることであり、「寄生都市《パラサイト》」化することであったようなのだ。ブローデルのように、金融の次元を重視して考えるかぎり、いまでも東京とニューヨークの関係は、十六世紀のロンドンとアントウェルペンのそれの方に近いのかもしれない。しかし、その差は急速に縮まっているし、他方では東京の「寄生都市」化の兆候も明白である。いわゆる「イギリスの平和」の時代以降におけるロンドンの世界的位置に注目せざるをえない理由が、ここにある。その際、問題の核心が、労働力流入の自由化――「経済摩擦」の極限にくるもの――にあることも、あらためていうまでもない。

民衆史への新しい視点
民衆の生活圏と都市空間の意味――喜安　朗

民衆運動、あるいは民衆史といった表現が、とくに歴史研究の分野でしばしば用いられるようになっている。しかし何故、労働者の、あるいは農民の、あるいはその他の人民の運動を、しかもどのような時代のものであれ、民衆運動と称するのかについて、積極的な説明なり主張なりがなされているようにはみえない。こうした表現がとられるからには、従来の社会運動に関する視点や方法に対する根本的な批判が前提となり、また内在していなければならないのだが、意外にそういった点に無頓着なままに、こうした言葉が使われている。何故に人民ではなく民衆なのか、何故に人民闘争ではなく民衆運動なのか。

民衆という言葉を使うのは、旧来の研究の視野の狭さを批判し、人民の運動というものが、決して社会構造なり経済構造なりのなかに還元したり、あるいは位置づけたりすることではとらえることのできないものだということを表明している。しかしそれだけではきわめて消極的な態度であり、別に新しい視点を積極的に展開しようとするものではない。

民衆運動という言葉を使うのは、民衆と指示される対象を生活者としてとらえるということなのである。労働運動と呼ばれているものを民衆運動とし、百姓一揆における百姓を民衆ととらえるのは、労働者また百姓をまず何よりも生活者としてとらえるということなのだ。そうとらえることで研究の視野はどう変わってくるのか。あまり変わりばえがしないのではないかと言われるかも知れない。しかし例えば労働運動史についていえば、それは労働に関する問題をめぐって闘われる歴史といっていいといえるだろう。しかし労働者は、生活者として、多面的な日常生活と、それが保持されている家族と地域をもち、そこでの生活様式と生活習慣、また心的態度を抱きながら運動の主体となっているのであって、こうしたことについて深く検討することなくして、その運動を担う主体の在り方を明確にすることができるだろうか。

百姓一揆の研究についても、同じことが言えるように思う。百姓一揆を民衆運動としてとらえるということは、百姓を生活者として、つまりその全生活過程とそれが展開される空間の構造を、要するにその生活圏の諸局面を明らかにしなければ、その一揆の真の姿は明らかにしえない、ということを積極的に主張するものでなければならないはずなのだが、そうしたことはほとんどなされていない。一揆研究のほとんどは、一揆として表層に浮かび上がってきた諸事態の分析であって、農民の生活圏を広く検討して、その広いすそ野のなかで、どのようにして、またどのような契機で一揆が可能になったのかという問いをなげかけることがないのである。この点で、総じて日本の近世百姓一揆の研究はつまらない。研究が進めば進むほどつまらない、という奇妙な状況にある。一揆史料だけを検討して、一揆の過程を細かく検討したところで、事態は変わらない。にもかかわらず、それを研究の進展などと称するとすれば、もう何をかいわんやであって、要するに百姓一揆を民衆運動としてとらえることが、パラダイムの転換を意味するのだということを自覚すべきなのだ。東京大学出版会から一九八一年に『一揆』全五巻が出ているが、そこにもこうした自覚にもとづいた研究は存在しないといっていい。正直いって、読んでいても、まことにつまらないのである。ただ一つ、この『一揆』の第四巻で黒田日出男氏が次のような指摘をしていることが注目される。「これまでの中世農民闘争史が、その闘争課題・目標・闘争主体・基盤・過程等を中心に研究を進め、大きな成果をおさめてきたことは明らかである。しかし、そのような農民闘争史も、今のところまだ宙吊りのままであるとはいえまいか」と。そしてさらに続けて、多様な民衆の生活と生産の具体相、その意識・観念の在り方を考える必要が説かれ、そのような具体相として、例えば服装史、食事史、住居史、中世民衆の身体感や色彩感、時間の感覚、生活用具、生産用具といった点があげられているのである。

この指摘は近世百姓一揆の研究についてもそのままあてはまるものだ。それにしても、「宙吊りのままである」という表現は、実に当を得たものであると思う。そしてその後に続く氏の指摘は、まさにパラダイムの転換を主張したものである。いみじくもそこでは民衆という言葉が使われているのだが、それは、その後に続く具体相についての事例の列挙の内容からしても、生活者たる民衆の生活圏の諸様相の解明が主張されているのである。これはきわめて積極的な意味をもった指摘と思う。そこで服装史、食事史、住居史……等々が説かれているとしても、それは決してアネクドートの歴史に堕すると非難しうるような文脈のもとで語られているわけではないということに注意すべきである。そこで主張されていることの本質的なことといえば、パラダイムの転換ということ以外のものではないのだ。そうしたことの意義をわきまえない年老いた研究者は、今までの研究蓄積をどう考えるか、などと言うだろうが、若い研究者はそうした世迷い言は無視すべきである。そして当面、旧来の研究はまさに「宙吊りのまま」にしておいてかまわないのである。

民衆運動の歴史として社会運動をとらえようとするならば、何よりもまずそれは、運動として歴史の表層に浮かび上がってきた部分を、例えば一揆史料によってすくい取り分析を加えるということであってはならない。それでは、日常の生活圏のなかではぐくまれてきた生活者たる民衆の身体そのものがそもそも欠如した運動史、つまり身体性に裏うちされた主体の不在という、影のない歴史が生み出されるのだ。生活者たる民衆が蜂起を頂点とした運動に進み出るというような事態は、その生活圏を構成するすべての要因がそこにかかわってくると考えるべきであり、その重層的で複合的な連関を考察の対象にすえなければ、生活者の身体性に支えられた民衆運動についての研究は、そもそも成り立たないであろう。生活者たる民衆の生活圏を構成するすべての要因が、複合的な連関のもとにとり上げられなければならないのである。近世百姓の思想を、いわゆる通俗道徳論でとらえ、そこから一揆の思想を引き出すのは、おそらくは一面的ということにならざるを得ないだろう。それでは、百姓たちが博徒を一揆の指導者としたという事実などとどのように複合しているのかということが解明されていないからである。森山軍治郎氏が秩父事件での民衆の蜂起への回路として、伝統文化のサークルの農民の間での根強い存在を探り出したことは（『民衆蜂起と祭り』筑摩書房、一九八一年）、民衆の生活圏の具体相にせまり、ここでいう複合的連関を探り出そうとする試みとして、きわめて重要な意義をもっていると思う。さらにつけ加えておけば、生活者たる民衆の身体性ということを具体的に理解できるのは、一揆についての諸研究ではなくて、宮本常一氏の『忘れられた日本人』という一冊である。民衆運動研究は、そうした次元から足場をかためていかなければならないのが現状であろう。

私が本書で検討しようとしたことは、民衆運動には生活者たる民衆の生活圏のすべての要因が複合的な連関のもとに大きなかかわりをもち、その運動を支え生み出す回路へと転成しているという点を、十九世紀前半のパリに焦点を合わせて考えていこうとした一つの試みである。それをひとまず、民衆の生活圏を形成する一つの重要な要因たる都市空間の性格、そこでの民衆の身体性を支える演技行為の意味、その総体的な表現としてのカーニヴァルの意味、それらの諸要因の複合が民衆蜂起への飛躍の回路になっているといった点を、重層的な連関のなかに把握してみようとしたものである。二月革命期の民衆運動が最終的には検討の対象にすえられるが、パリの都市空間の在り方と二月革命期の民衆蜂起とを、右にみたような複合的で重層的な連関のもとに考察しようとした。

二月革命期の民衆運動の研究は、本書でも参照したゴセーズの研究に現れているように、何よりもまず労働運動として検討されることが多かった。たしかにそれは労働者を担い手とする運動が中軸をなしているといってさしつかえないのだが、労働者を生活者としてとらえ、その生活圏のあらゆる側面をとりあげ、それが運動や蜂起の契機にどのようにして組み込まれていくかを検討する、つまり民衆運動として検討しようとすると、パリの都市空間の一定の構造も、民衆の生活圏の重要な要因として考察しなければならないことになるのである。それが成功しているか否かは読者の判断をあおぐことにしたいが、二月革命期、さらに六月蜂起についての、民衆の生活過程の、さらに多くの要因に関連させた検討は、次の機会にゆずらねばならない。

なお、本書の出版は有斐閣編集部の平川幸雄氏の絶大な御尽力のたまものであって、氏の御助力なくしては本書は成立しなかった。改めて平川氏に感謝する次第である。

ちくま学芸文庫版へのあとがき

本書が最初に上梓されて、すでに三〇年以上が経過した。この間、歴史学をとりまく研究環境も、出版界の状況も著しく変化した。二十世紀の最後の四半期は、いまにして思えば、歴史研究の黄金時代であったのかもしれない。広く「社会史」と総称された研究上の多様な新潮流が勃興し、新しい学術雑誌が次つぎと刊行された。それに比べると、いわゆる「大学改革」を経過したいまは、残念ながら、まさしく人文学の「冬の時代」というほかなく、目立った研究集団の台頭も、新たな問題提起もみあたらない。

しかし、にもかかわらず、現実の歴史は着実に動いており、世界は大きな地殻変動を経験しつつあるようにもみえる。歴史的思考の必要性は、ますます強まっているともいえる。問題のひとつは、世界中、到るところで、人びとの生活の基盤が農村から都市、とりわけ大都市に移行しつつあることである。資源・環境問題は、たんなる人口増加というよりは、都市化に伴う過密と過疎化に起因する問題でもある。

政治もまた、その主たる展開の場を、名望家の支配する農村から、金融と情報の中心としての巨大大都市に移している。とすれば、二十一世紀の新しい歴史学は、巨大都市を対象として構想されなければなるまい。

私たちが、新たな「二都物語」を企画したのは、まだ、歴史学の世界が活気にあふれていた前世紀のことはあったが、そうした観点は、いまもなおお生きている。というより、ますます喫緊の課題となっていると思われるので、あえて大きな修正は加えず、復刻していただくことにした。

二〇一八年二月

著者の一人　川北　稔

ちくま学芸文庫版へのあとがき

本書でのようなことを考えていた頃の私の主要な関心事は、民衆運動の自発的側面はどのようにして生み出されるものなのか、ということにあった。あの革命家ルイ・オーギュスト・ブランキは、「民衆的要素は一連隊のように指揮することは出来ない」として、民衆を猛牛にたとえて、「猛牛の角をつかまえようとすれば、角で突き倒されることも覚悟しなければならない」と指摘していたと言うではないか。

こうした民衆の自発性の生まれ出て来るところを探っていこうとすることは、一つの挑戦であった。当時、民衆運動を歴史研究の対象にする時などはとくに、人民解放の理念とかイデオロギー、またそうしたことで視野狭窄となっている理論や概念が押しつけられてくるので、それに対抗しそれを排除してしまうだけの強固な視点と方法を、つくり出さなければならなかった。しかしそれはまた自分自身の歴史研究を自己変革する過程でもあった。本書での私の文章は、そうした道程の結果として、ようやく新しい歴史叙述を展開できるに至ったかに見える時期に書かれたものである。そして今読んでみて、驚いたことには、未だに自分にとって新鮮さを失なっていないと感ずることになった。これはその後の私の歴史研究や歴史感覚にどんな進展もなかったということなのか。いやそうではなくて、始まりの現象のなかには、常に新鮮さが宿っているのだと、何のけれん味もなく言うことのできる自分が居て、これもまた驚かされることではある。

私はこうした研究と叙述の対象として、十九世紀の都市パリを選んでいる。それは実に多様な民衆運動が多層的に連なりながら、幾度もこの十九世紀の都市に発生したからである。これはいささか突き放した言い方になるが、私にとってはある意味で歴史の実験室のような感じでもあった。そして民衆運動の自発性が生まれるプロセスを考えるためには、民衆の日常生活いわば日常性を、さまざまな風俗・習慣なども含めて明らかにしなければならないし、またそれを包み込んでいるような都市パリの「構造」を動態として見ておかなければならない。そうしたことは本書での叙述を試みる前に『パリの聖月曜日――19世紀都市騒乱の舞台裏――』（一九八二年、平凡社。二〇〇八年、岩波現代文庫）においても展開したところではあった。それで本書の叙述では、民衆がその日常から一歩ふみ出そうとしてとる行動やそこに出現する気運など、ちょっとした気晴らしから祝祭への没入に至るまでのその在り方に注意をそそぐことになったのである。

そうしたことは、どんな普遍的概念によってもからめ取ることは出来なかったのであり、まずはそうしたことに関わる具体的事象につくということから始めなければならなかったのである。

このようにまずは都市の具体につくということの身がまえが嵩じた結果だと思うが、本書の叙述の前半部分でとくに、ブルヴァールや街路の名称が頻出することになり、読者を煩わせることになっていると思う。この本の最初の版が有斐閣から出た時に、すぐに中学生時代からの友人であった石井進が電話してきて、街路の名前が沢山登場して読みにくいと、苦言を呈したことを想い出す。その時、私は何の反論もしなかったのだが、確かにもう少し叙述に工夫するべきだったとも思う。だが私のなかには、一つひとつの街路についてのイメージが生まれていて、その名称を手放すことが出来なかったのである。読者におかれては、ブルヴァール・デ・ジタリアン、ブルヴァール・デュ・タンプル、それにクルティーユなどの主要な場の性格と都市のなかでの位置関係を把握されるように、今となってはお願いする以外にない。

叙述の後半では、パリの諸文書館の原史料、当時の国民議会の調査報告書、六月蜂起直前に発行された民衆新聞などの文献及び文書史料を多用している。今回それを改めて読んでみて、文書館で見つけ出した文書史料などが実に有効に使われていることを改めて実感することになった。うかつにもこんなことすら忘れてしまっていたような次第で、これも新鮮な驚きであった。

そんなことで、これらの文書を求めて通ったパリの文書館のことが想い出される。そのひとつは、当時オテル・スービィズにあった国家文書館、それに首都圏がセーヌ県にまで広げられて、セーヌ県文書館から名称が変わったパリ文書館、ここでは主として一八四八年の時期の各区役所の古文書をすべてを調べた。そして最も重要だったのがフランス陸軍参謀本部軍事史部に属する陸軍史料館であった。それは当時の地下鉄一号線のパリ東端の終点駅シャトー・ド・ヴァンセンヌにあった。駅を出るとすぐに、史跡でもあるヴァンセンヌ城の城門に行き当る。参謀本部の附属ということだから、入城に厳しい審問でもあるのかと緊張していたら、何もなくすぐに城の中庭に入った。城門に番兵らしい兵士が一人いたが、入って来る人物の顔すら見ようとせず、壁に背をもたせて、大あくびをかいたような顔をして立っていただけだった。この城内には陸軍の史料館だけでなく、空軍また海軍の史料館も在った。陸軍のそれを見つけ出して、二階の閲覧室に入り、正面に大きな机をかまえて、こちらを睨みつけるようにして見ている中年のマダムの前に進み出る。史料閲覧の申し出に対し、どんな手続きが待っているのか。私は留学のための滞在許可証を持って行ったのだが、どうやら外国人であればパスポートでOKになるようなのでびっくりした。あとは閲覧したい史料と目的を書き出す。目的のところは「研究」と書き込めば、それでよしとされる。

というわけで、陸軍参謀本部の附属とはいうものの、閲覧室も他の史料館のよりずっと広々として明るく、大変気軽に過ごすことができた。とにかく、請求した史料を運ぶ役目の労働者が二人いたが、その一人のおっさんは、朝から酔っ払っていた。それでも仕事をこなしている限り誰も注意したりしないのだ。探し出した注目すべき文書をコピーするのは一枚一フランで五フランまでとされていた。ある時、コピーしようとして、階下の倉庫のようなところにあったコピー機に行くと、係の労働者が、何枚コピーしてもいいぞ、と言う。私は、しめた、五フランで何枚でもとれるぞ、と調子のいいことを考えて一五枚ほどコピーした。するとその労働者はちゃんと一五フランだと言うのだ、一回五フランまでときまっているのに。するとあとの一〇フランは奴のポケットに入ったなと口惜しくなったのだが、そう考えることにした私は、何となく楽しくなり、これぞフランス陸軍と万歳を叫ぶ気分になる。

私がそこで調べたのは「軍事裁判一八四八」と記された八〇箱余の史料箱につまった、一八四八年六月の民衆蜂起で逮捕された人々に対する予審尋問の速記録と、その人物についての関係書類である。一人ひとりの記録がファイルされて箱につまっている。予審であって、尋問の結果で軍事裁判の前に、釈放、海外領土(つまり植民地)への追放、そして軍事裁判に付す、という三つにふり分けていくのである。その記録で逮捕者や証人の陳述することのなかには、びっくり仰天させられることが沢山ある。そういったことは人を史料にとりつかせてしまうものなのだが、そうしたことは逸話とはなっても、研究論文に使えるようなものではないので、広くは知られていないのである。そうしたことを書き出せば限りがなくなるので、ここでも書く余裕はないのである。しかしそうした驚天動地とも言えることが、研究者を史料漬けにしてしまう麻薬となる。そうすると歴史家は大きな歴史的構想力を失うことになりかねないのである。私が本書の叙述で、文書館の史料を有効に使っていることを改めて知って驚いていると書いたのには、こうした危険を超え出ているという感慨のようなものも内在しているように思う。

二〇一八年三月

喜安　朗

この作品は一九八六年一二月、有斐閣より刊行された
ものに「盛り場のロンドン」(川北稔)を増補したも
のである。文庫化に際し、副題を改めた。

日本の外交 添谷芳秀

憲法九条と日米安保条約に根差した戦後外交。それがもたらした国家像の決定的な分裂をどう乗り越えるか。戦後史を読みなおし、その実像と展望を示す。

古代史おさらい帖 森浩一

考古学・古代史の重鎮が、「土地」「年代」「人」の基本概念を徹底的に再検証。「古代史」をめぐる諸問題の見取り図がわかる名著。

江戸の坂 東京の坂(全) 横関英一

東京の坂道とその名前からは、江戸の暮らしや庶民の心が透かし見える。東京中の坂を渉猟し、元祖「坂道」本と謳われた幻の名著。（鈴木博之）

明治富豪史 横山源之助

維新そっちのけで海外投資に励み、贋札を発行してまで資本の蓄積に邁進する新興企業家・財閥創業者たちの姿を明らかにした明治裏面史。（色川大吉）

北一輝 渡辺京二

明治天皇制国家を批判し、のち二・二六事件に連座して刑死した日本最大の政治思想家北一輝の生涯。第33回毎日出版文化賞受賞の名著。（臼井隆一郎）

民衆という幻像 渡辺京二コレクション2 民衆論 渡辺京二 小川哲生編

生活民が抱く「前近代」と、近代市民社会との軋み。著者生涯のテーマ「ひとりの小さきものの実存と歴史の間の深淵」をめぐる三九篇を収録。（髙山文彦）

中世を旅する人びと 阿部謹也

西洋中世の庶民の社会史。旅籠が客に課す厳格なルールや、遍歴職人必須の身分証明のための暗号など、興味深い史実を紹介。（平野啓一郎）

中世の星の下で 阿部謹也

中世ヨーロッパの庶民の暮らしを具体的、克明に描き、その歓びと涙、人と人との絆、深層意識を解き明かした中世史研究の傑作。（網野善彦）

中世の窓から 阿部謹也

中世ヨーロッパに生じた産業革命にも比する大転換——。名もなき人びとの暮らしを丹念に辿り、その全体像を描き出す。大佛次郎賞受賞。（樺山紘一）

1492 西欧文明の世界支配　ジャック・アタリ　斎藤広信訳

1492年コロンブスが新大陸を発見したことで、アメリカをはじめ中国・イスラム等の独自文明は抹殺された。現代世界の来歴を解き明かす一冊。

憲法で読むアメリカ史(全)　阿川尚之

建国から南北戦争、大恐慌と二度の大戦をへて現代まで。アメリカの歴史は常に憲法を通じ形づくられてきた。この国の底力の源泉へと迫る壮大な通史！

専制国家史論　足立啓二

封建的な共同団体を欠いた専制国家・中国。歴史的にこの国はいかなる展開を遂げてきたのか。中国の特質と世界の行方を縦横に考察した比類なき論考。

暗殺者教国　岩村忍

政治外交手段として暗殺をくり返したニザリ・イスマイリ教国。広大な領土を支配したこの国の奇怪な活動を支えた教義とは？　（鈴木規夫）

増補 魔女と聖女　池上俊一

魔女狩りの嵐が吹き荒れた中近世、美徳と超自然的力により崇められる聖女も急増する。女性嫌悪と礼賛の熱狂へ人々を駆りたてたものの正体に迫る。

ムッソリーニ　ロマノ・ヴルピッタ

統一国家となって以来、イタリア人が経験した激動の歴史。その象徴ともいうべき指導者の実像とは。既成のイメージを刷新する画期的ムッソリーニ伝。

中華人民共和国史十五講　王丹　加藤敬事訳

八九年天安門事件の学生リーダー王丹。逮捕・収監後、亡命先で母国の歴史を学び直し、敗者たちの透徹した認識を復元する、鎮魂の共和国六〇年史。

ツタンカーメン発掘記(上)　ハワード・カーター　酒井傳六／熊田亨訳

黄金のマスク、王のミイラ、数々の秘宝。エジプト考古学の新時代の扉を開いた世紀の発見の全記録。上巻は王家の谷の歴史と王墓発見までを収録。

ツタンカーメン発掘記(下)　ハワード・カーター　酒井傳六／熊田亨訳

王墓発見の報が世界を駆けめぐり発掘された遺物が注目を集める中、ついに黄金の棺が開かれ、カーターは王のミイラと対面する。　（屋形禎亮）

売春の社会史（上）

バーン&ボニー・ブーロー
香川檀／家本清美／岩倉桂子訳

売春の歴史を性と社会的な男女関係の歴史としてとらえた初の本格的通史。図版多数。「売春の起源」から「宗教改革と梅毒」までを収録。

売春の社会史（下）

バーン&ボニー・ブーロー
香川檀／家本清美／岩倉桂子訳

様々な時代や文化的背景における売春の全体像を十全に描き、社会政策への展開を探る。「王侯と平民」から「変わりゆく二重規範」までを収録。

ルーベンス回想

ヤーコプ・ブルクハルト
新井靖一訳

19世紀ヨーロッパを代表する歴史家ブルクハルトが、「最大の絵画的物語作者」ルーベンスの絵画の本質を、作品テーマに即して解説する。新訳。

はじめてわかる ルネサンス

ジェリー・ブロトン
高山芳樹訳

ルネサンスは芸術だけじゃない！ 東洋との出会い、科学と哲学、宗教改革など、さまざまな角度から光をあてて真のルネサンス像に迫る入門書。

匪賊の社会史

エリック・ホブズボーム
船山榮一訳

抑圧的権力から民衆を守るヒーローと讃えられてきた善きアウトローたち。その系譜や生き方を追い、暴力と権力のからくりに迫る幻の名著。

アラブが見た十字軍

アミン・マアルーフ
牟田口義郎／新川雅子訳

十字軍とはアラブにとって何だったのか？ 豊富な史料を渉猟し、激動の12、13世紀をあざやかに、しかも手際よくまとめた反十字軍史。

ディスコルシ

ニッコロ・マキァヴェッリ
永井三明訳

ローマ帝国はなぜあれほどまでに繁栄しえたのか。その鍵は〝ヴィルトゥ〟。パワー・ポリティクスの教祖が、したたかに歴史を解読する。

戦争の技術

ニッコロ・マキァヴェッリ
服部文彦訳

出版されるや否や各国語に翻訳された最強にして安全な軍隊の作り方。この理念により創設された新生フィレンツェ軍は一五〇九年、ピサを奪回する。

マクニール世界史講義

ウィリアム・H・マクニール
北川知子訳

ベストセラー『世界史』の著者が人類の歴史を読み解くための三つの視点を易しく語る白熱の入門講義。本物の歴史感覚を学べます。文庫オリジナル。

アレクサンドロスとオリュンピアス　森谷公俊

彼女は怪しい密儀に没頭し、残忍に邪魔者を殺す悪女なのか、息子を陰で支え続けた賢母なのか。大王母の激動の生涯を追う。（澤田典子）

古代地中海世界の歴史　本村凌二／中村るい

メソポタミア、エジプト、ギリシア、ローマ——古代に花開き、密接な交流や抗争をくり広げた文明を一望に見渡し、歴史の躍動を大きくつかむ！

増補 十字軍の思想　山内進

欧米社会にいまなお色濃く影を落とす「十字軍」の思想。人々を聖なる戦争へと駆り立てるものとは？　その歴史を辿り、キリスト教世界の深層に迫る。

向う岸からの世界史　良知力

「歴史なき民」こそが歴史の担い手であり、革命の主体であった。著者の思想史から社会史への転換点を示す記念碑的作品。（阿部謹也）

増補 魔都上海　劉建輝

摩天楼、租界、アヘン。近代日本が耽溺し利用し侵略した街。驚異的発展の後なお郷愁をかき立ててやまない上海の歴史の魔力に迫る。（海野弘）

子どもたちに語るヨーロッパ史　ジャック・ル・ゴフ／前田耕作監訳／川崎万里訳

歴史学の泰斗が若い人に贈る、とびきりの入門書。地理的要件や歴史、とくに中世史を、たくさんのエピソードとともに語った魅力あふれる一冊。

法然の衝撃　阿満利麿

法然こそ日本仏教を代表する巨人であり、ラディカルな革命家だった。鎮魂慰霊を超えて救済の原理を指し示した思想の本質に迫る。

親鸞・普遍への道　阿満利麿

絶対他力の思想はなぜ、どのように誕生したのか。日本の精神風土と切り結びつつ普遍的救済への回路を開いた親鸞の思想の本質に迫る。（西谷修）

歎異抄　阿満利麿訳／注／解説

没後七五〇年を経てなお私たちの心を捉える、親鸞の言葉。わかりやすい注と現代語訳、今どう読んだらよいか道標を示す懇切な解説付きの決定版。

ちくま学芸文庫

大都《だいと》会《かい》の誕生《たんじょう》 ロンドンとパリの社会史《しゃかいし》

二〇一八年四月十日 第一刷発行

著 者 喜安朗（きやす・あきら）
川北稔（かわきた・みのる）

発行者 山野浩一

発行所 株式会社 筑摩書房
東京都台東区蔵前二―五―三 〒一一一―八七五五
振替〇〇一六〇―八―四一二三

装幀者 安野光雅
印刷所 株式会社精興社
製本所 株式会社積信堂

乱丁・落丁本の場合は、左記宛にご送付下さい。
送料小社負担でお取り替えいたします。
ご注文・お問い合わせも左記へお願いします。
筑摩書房サービスセンター
埼玉県さいたま市北区櫛引町二―六〇四 〒三三一―八五〇七
電話番号 〇四八―六五一―〇〇五三

ISBN978-4-480-09862-7 C0122